중급 스페인어

Español intermedio

개정판

중급 스페인어

초판 1쇄 발행 2013년 8월 30일
초판 3쇄 발행 2017년 8월 30일
개정판 1쇄 발행 2020년 8월 31일
개정판 2쇄 발행 2023년 2월 20일

지은이 끌라우디아 마시아스, 김현균, 임호준, 리킴하나

펴낸곳 서울대학교출판문화원
주소 08826 서울 관악구 관악로 1
도서주문 02-889-4424, 02-880-7995
홈페이지 www.snupress.com
페이스북 @snupress1947
인스타그램 @snupress
이메일 snubook@snu.ac.kr
출판등록 제15-3호

ISBN 978-89-521-2948-2 03770

개정판

중급 스페인어

Español intermedio

끌라우디아 마시아스, 김현균, 임호준, 리킴하나 지음

서울대학교출판문화원

책머리에

우리나라에 본격적으로 스페인어가 보급되기 시작한 1980년대만 하더라도 스페인어는 주변적인 위치에 머물러 있었다. 그러나 글로벌 시대의 도래와 함께 라틴아메리카를 비롯한 주변부 지역의 중요성이 점차 부각되면서 스페인어에 대한 관심이 크게 높아졌고 스페인어 수강생 수도 눈에 띄게 증가하였다. 스페인어문학을 전공하는 입장에서 반가운 일이 아닐 수 없지만, 스페인어 입문자가 즐겁게 공부할 수 있는 여건을 마련하고 이들이 사회적 수요를 충족시킬 수 있는 인적 자원으로 성장하도록 교육해야 하는 책무도 무겁게 느낀다.

수요가 늘어날수록 좋은 교재의 필요성은 더욱 절실하기 마련인데, 마침 몇 해 전 서울대학교 인문대학은 세계적 기준에 부합할 수 있게 제2외국어를 네 단계의 수준으로 나누어 교육하도록 편제를 바꾸었다. 이에 따라 각 어문학과에서 초급 및 중급 수준의 교재를 개발하는 과정에서 이 책이 집필되었다.

우리는 이 책이 기존 책들과는 다른 특성을 갖도록 세심하게 고려하였다. 우선, 초급 과정에서 기초 문법을 익힌 학습자가 소설, 희곡, 에세이, 시사글 등 다양한 장르의 글을 읽으면서 다채로운 표현을 접할 수 있도록 구성하였다. 독해 텍스트는 장르가 다양할 뿐 아니라 여러 스페인어 사용 지역을 아우름으로써 토착적인 스페인어 표현과 문화적인 요소들을 함께 익힐 수 있게 선정하였으며, 출처가 있는 경우에는 교재의 성격과 수준에 맞게 일부 개작하였다. 문법에 관해서는 처음 여섯 과에서 가장 까다롭다고 할 수 있는 접속법(subjuntivo)을 상세히 다루었고, 뒷부분에서는 초급 과정에서 학습한 기초 문법을 다질 수 있도록 중요한 문법 사항과 표현을 정리하

여 제시하였다. 또한 각 과의 끝에는 다양한 상황을 담은 대화문을 제공하여 일상회화에서 사용되는 표현을 익힐 수 있도록 하였다. 이번 개정판에서는 2013년 출간된 초판의 오류를 바로잡고 예문을 일부 교체하였으며, 지나치게 어렵다는 평을 들었던 1과와 2과의 난이도를 조정하고 다른 텍스트로 대체하였다.

이미 국내에 적지 않은 스페인어 학습서가 나와 있지만 초급 수준의 문법을 익힌 학습자들을 대상으로 한 독해 교재는 쉽게 찾아볼 수 없는 것이 현실이다. 미흡한 점이 적지 않지만 모쪼록 이 책이 스페인어 학습자의 독해 능력 함양에 도움이 되기를 바란다. 마지막으로 개정판을 준비하는 과정에서 강의 경험을 토대로 유익한 의견을 내준 여러 선생님들께 고마운 마음을 전한다.

2023년 2월

저자 일동

차례

중급 스페인어 1

중급 스페인어 2

중급 스페인어 1

Lección

01 La muerte de don Quijote

Subjuntivo I: presente en combinación con el modo imperativo

Ficha informativa

Miguel de Cervantes Saavedra (España, 1547-1616) es el más grande escritor en lengua española. Su obra *El ingenioso hidalgo don Quijote de la Mancha* está considerada como la primera novela moderna de la literatura universal. La primera parte se publicó en 1605 y la segunda, en 1615. Es uno de los tres libros más traducidos del mundo, a cincuenta idiomas aproximadamente.

Ficha gramatical

El modo imperativo denota mandato, exhortación, ruego o disuasión y solamente tiene dos personas, la segunda del singular (tú) y la segunda del plural (vosotros-ustedes).

Cuando necesitamos pedir algo o convencer a una persona mayor, como no podemos usar el modo imperativo por tener que tratarlo de "usted" debemos usar el tiempo presente del modo subjuntivo. También, en los enunciados negativos, el imperativo se expresa con las formas del presente de subjuntivo.

Lectura

Alonso Quijano ha vivido loco porque pensaba que era un caballero andante de la Edad Media: don Quijote de la Mancha, debido a la influencia de las novelas de caballeros medievales que leía de día y de noche. Realizaba hazañas acompañado de su ayudante escudero, como salvar doncellas de gigantes y dragones ante la sorpresa de la gente que no entendía lo que hacía. Su familia y sus amigos procuraban despertarle de su locura, por lo cual, actuaban conforme a ese tiempo antiguo de la imaginación de don Quijote. Pero llegó el momento de la muerte del caballero cuando él menos lo pensaba.

En cuanto el caballero se recuperó de la caída, regresaron a su aldea. Don Quijote iba desarmado, y Sancho a pie, porque el asno cargaba con las armas. Todos los recibieron con los brazos abiertos. Sin embargo, don Quijote quería ir a la cama porque no se encontraba bien. Sea por la melancolía de sentirse vencido, sea porque le había llegado su hora, unas fiebres lo postraron en el lecho y ya no se levantó.

Durante su estancia en la cama, fue visitado muchas veces por el cura, por sus amigos el bachiller y el barbero, y sin separarse de la cabecera de su cama estuvo Sancho Panza, su buen escudero. El bachiller le decía:

—Anímese y levántese para comenzar de nuevo sus aventuras.

Pero don Quijote no se animaba ni dejaba su tristeza. Sus amigos llamaron al médico, el cual le tomó el pulso, le pareció que no estaba bien y dijo:

—Por si se cura o por si no, atienda y preocúpese por la salud de su alma, porque la del cuerpo corre peligro.

Don Quijote lo oyó con ánimo tranquilo, pero no así su ama, su sobrina y su escudero, los cuales comenzaron a llorar tiernamente. Entonces, don Quijote pidió:

—Dejadme solo porque quiero dormir un poco.

Así lo hicieron y durmió sin despertar más de seis horas, el ama y la sobrina pensaron que se podría morir durante el sueño. Cuando se despertó, dijo con una gran voz:

—¡Bendito sea el poderoso Dios, que tanto bien me ha hecho! Sus misericordias no tienen límite, a pesar de los pecados de los hombres.

La sobrina estuvo atenta a las razones que decía su tío y le parecieron muy sensatas. Sorprendida por el cambio, le preguntó:

—¿Qué es lo que está diciendo, tío? ¿Qué misericordias son estas o a qué pecados de los hombres se refiere?

—Las misericordias, sobrina, —respondió don Quijote— son las que en este instante ha usado Dios conmigo, a pesar de mis pecados. Ya tengo juicio libre y claro, sin las sombras de la ignorancia y la locura que provocó la lectura de los detestables libros de caballerías. Sobrina, yo me siento a punto de muerte. Quiero morir de buen modo. Que todos entiendan que mi vida no fue tan mala y dejen de llamarme loco, aunque lo he sido en mi vida ahora he recuperado la razón. Sobrina, llama a mis buenos amigos, al cura, al bachiller Sansón Carrasco y a Nicolás el barbero, quiero confesarme y hacer mi testamento.

Pero no fue necesario este trabajo de la sobrina porque enseguida entraron los tres. En cuanto los vio don Quijote dijo:

—Dadme felicitaciones, buenos señores, porque yo ya no soy don Quijote de la Mancha, sino Alonso Quijano, a quien llamaban por mis costumbres, el «bueno», antes de mi locura. Ahora soy enemigo de Amadís de Gaula y de todos los caballeros de su linaje, ya odio todas las historias de la caballería andante, ya reconozco mi necedad y el daño que me hizo haberlas leído; por misericordia de Dios, ya he experimentado en cabeza propia y ahora las aborrezco.

Cuando los tres le oyeron decir esto, creyeron sin duda que alguna nueva locura le había dado. Se miraron unos a otros admirados de las razones de don Quijote y, aunque todavía dudaban de su locura, le quisieron creer. El cura hizo salir a la gente y se quedó solo con él para confesarlo.

El bachiller fue por el escribano y llegaron junto con Sancho Panza. Sancho, que ya sabía por noticias del bachiller en qué estado se encontraba su señor, hallando a la ama y a la sobrina llorosas, comenzó a derramar lágrimas. Se acabó la confesión y salió el cura diciendo:

—Verdaderamente se muere y verdaderamente está curado Alonso Quijano, el

Bueno. Escribano, entre ahora con él para que haga su testamento.

Entró el escribano con los demás, y después de haber hecho la introducción del testamento don Quijote dijo:

—Escribe que es mi voluntad que Sancho Panza reciba cierto dinero, en mi locura le hice mi escudero, por lo tanto, después de pagar lo que le debo por su servicio quiero que el dinero restante sea suyo, aunque será poco, y espero que le haga buen provecho.

Y, volviéndose a Sancho, le dijo:

—Perdóname, amigo, por hacerte parecer loco como yo, haciéndote caer en el error en que yo he caído de creer que hubo y hay caballeros andantes en el mundo.

Este fin tuvo el ingenioso hidalgo de la Mancha.

De *Segunda parte del ingenioso caballero don Quijote de la Mancha*

Vocabulario

caballero andante 방랑기사
Edad Media 중세(中世)
medieval *adj.* 중세의
hazaña *f.* 전과(戰果), 무훈(武勳)
melancolía *f.* 우수(憂愁), 우울
postrar *v.* 쓰러뜨리다, 쇠약하게 하다
misericordia *f.* 자비
sensato *adj.* 정신이 있는, 분별력이 있는
detestable *adj.* 미워하는, 증오하는
bachiller *m.* 학사(學士)
necedad *f.* 멍청함, 바보짓
aborrecer *v.* 싫어하다, 반감을 품다
desalentado *adj.* 실망한, 낙담한
ánimo *m.* 기분, 마음
referirse a ~에 대해 언급하다
en cuanto ~하자마자(= **apenas, tan pronto como**)
provecho *m.* 이익, 유용성
escribano *m. f.* 공증인, 서기
terminar por + inf. 결국 ~이 되다
echar la culpa a alguien (누구의) 탓으로 돌리다, (누구에게) 죄를 덮어씌우다
derribar *v.* 무너뜨리다

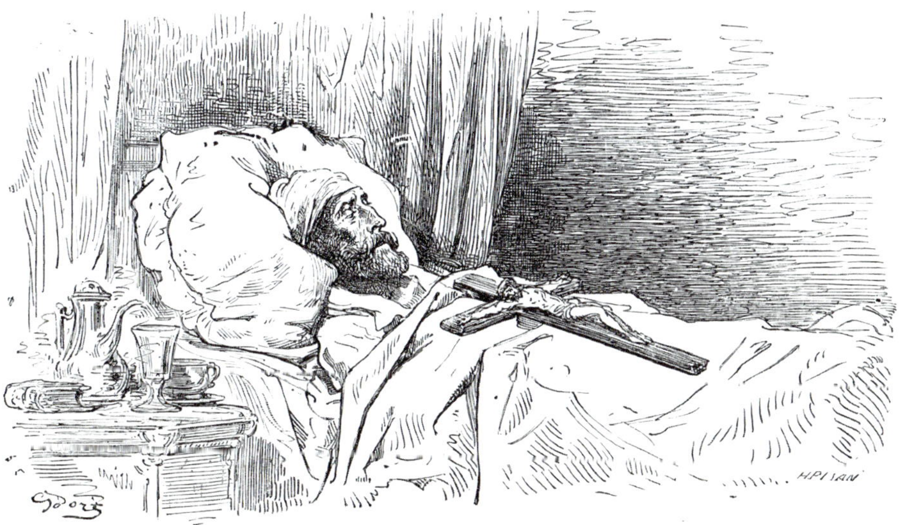

Preguntas para comentar

1. ¿Cuál es el estado de salud de don Quijote?
2. ¿Qué plan tenía preparado el bachiller para la nueva aventura de don Quijote?
3. ¿Por qué se sorprenden todos los amigos de don Quijote?
4. ¿Qué ordena en su testamento don Alonso Quijano?
5. ¿Qué enseñanza hay en lo que le pide Sancho Panza a don Quijote?

Gramática

▶접속법 현재 (Presente de subjuntivo)

❶ 규칙동사

	-AR / hablar	-ER / comer	-IR / vivir
yo	habl-**e**	com-**a**	viv-**a**
tú	habl-**es**	com-**as**	viv-**as**
él / ella / usted	habl-**e**	com-**a**	viv-**a**
nosotros	habl-**emos**	com-**amos**	viv-**amos**
vosotros	habl-**éis**	com-**áis**	viv-**áis**
ellos / ellas / ustedes	habl-**en**	com-**an**	viv-**an**

※ 철자에 유의해야 할 동사 변화

	explicar	llegar	empezar
yo	expliqu-**e**	llegu-**e**	empiec-**e**
tú	expliqu-**es**	llegu-**es**	empiec-**es**
él / ella / usted	expliqu-**e**	llegu-**e**	empiec-**e**
nosotros	expliqu-**emos**	llegu-**emos**	empec-**emos**
vosotros	expliqu-**éis**	llegu-**éis**	empec-**éis**
ellos / ellas / ustedes	expliqu-**en**	llegu-**en**	empiec-**en**

❷ 불규칙 동사

(1) 부분 불규칙: 직설법 현재 1인칭 단수에서의 불규칙형 어간이 접속법 현재의 기본 어간 구성

hacer ("yo hago"): haga, hagas, haga, hagamos, hagáis, hagan
conocer ("yo conozco"): conozca, conozcas, conozca, conozcamos, conozcáis, conozcan
coger ("yo cojo"): coja, cojas, coja, cojamos, cojáis, cojan
pedir ("yo pido"): pida, pidas, pida, pidamos, pidáis, pidan
seguir ("yo sigo"): siga, sigas, siga, sigamos, sigáis, sigan

(2) 직설법 1인칭 단수와 같은 어간을 가지나 1인칭 복수와 2인칭 복수에서는 어간 모음 교체를 보이는 경우

cerrar	volver	mentir	morir
ci**e**rre	vu**e**lva	mi**e**nta	mu**e**ra
ci**e**rres	vu**e**lvas	mi**e**ntas	mu**e**ras
ci**e**rre	vu**e**lva	mi**e**nta	mu**e**ra
c**e**rremos	v**o**lvamos	m**i**ntamos	m**u**ramos
c**e**rréis	v**o**lváis	m**i**ntáis	m**u**ráis
ci**e**rren	vu**e**lvan	mi**e**ntan	mu**e**ran
comenzar pensar perder	contar encontrar poder	sentir sugerir convertir	dormir jugar

(3) 완전 불규칙

dar	estar	haber	ser	saber	ir
dé	esté	haya	sea	sepa	vaya
des	estés	hayas	seas	sepas	vayas
dé	esté	haya	sea	sepa	vaya
demos	estemos	hayamos	seamos	sepamos	vayamos
deis	estéis	hayáis	seáis	sepáis	vayáis
den	estén	hayan	sean	sepan	vayan

▶명령문 (Imperativo)

❶ 긍정명령 Formas del modo imperativo (siempre afirmando)

	-AR	-ER / -IR
tú	habl-**a**	com-**e** escrib-**e**
vosotros	habl-**ad**	com-**ed** escrib-**id**
usted	habl-**e**	com-**a** escrib-**a**
ustedes	habl-**en**	com-**an** escrib-**an**
nosotros	habl-**emos**	com-**amos** escrib-**amos**

※ usted / ustedes / nosotros (as) 인칭의 긍정명령과 모든 인칭의 부정명령은 접속법 현재시제의 동사 변화를 따른다.

※ 불규칙 tú 명령형: hacer (haz), poner (pon), salir (sal), venir (ven), tener (ten), decir (di), ser (sé), ir (ve)

❷ 부정명령 Formas de imperativo (negativo)

	-AR	-ER / -IR
tú	no habl-**es**	no com-**as** no escrib-**as**
vosotros	no habl-**éis**	no com-**áis** no escrib-**áis**
usted	no habl-**e**	no com-**a** no escrib-**a**
ustedes	no habl-**en**	no com-**an** no escrib-**an**
nosotros	no habl-**emos**	no com-**amos** no escrib-**amos**

Ejercicios

Pónganse los verbos en cursiva en la correspondiente persona de la forma imperativa

1. *Hacer* (ustedes) todo lo que he dicho.
2. Si es necesario, *llevar* (usted) un doctor que nos pueda dar una guía clara y precisa.
3. Si lo ves, *decirle* (tú) que siempre lo voy a esperar hasta el día en que vuelva.
4. *Vestirse* (ustedes) lo más pronto posible.
5. Ahora *tocar* (nosotros) el tema más caliente de la semana.
6. *Ser* (usted) bueno y tendrá su recompensa.
7. No *ponerse* (tú) nervioso y *hablar* (tú) con ella como si fuera cualquier otra persona.
8. No vamos a tocar a nadie, pero no *venir* (vosotros) a meterse con nosotros.

Diálogo

Julio: Bueno, ya hemos visitado Madrid y Ávila. ¿Hacia dónde partiremos mañana? Ven y veamos el mapa.

Ana: Pues, estaba pensando en Toledo... ¿Qué te parece? Salgamos temprano, no creo que tardemos mucho en llegar.

Julio: De acuerdo, pero mañana conduce tú. Llevo tres días conduciendo y estoy cansado.

Ana: No te preocupes. Mañana conduciré yo. Solo espero que haga buen tiempo...

Julio: En el periódico, he visto que mañana hará sol.

Ana: ¡Qué bien! No te olvides de la cámara, ayer la dejaste en el armario del hotel.

Julio: Descuida. Mejor dámela ahora y la meto en la maleta. ¿Y qué vamos a hacer en Toledo?

Ana: Mira, hay numerosas opciones para recorrer la ciudad. Hay rutas históricas, artísticas y también existen las rutas de don Quijote donde se pueden ver algunos parajes que aparecen en *El Quijote*.

Julio: ¡Qué interesante! Entonces, vayamos a visitar algún molino.

Ana: Sí, hay uno en Madridejos y, por lo visto, es uno de los más antiguos.

Julio: Genial, siempre he querido visitar uno... Me encanta el capítulo de los molinos de viento de *El Quijote*.

Ana: ¡Ah! En cuanto lleguemos al hotel, pregunta qué autopista debemos tomar para ir a Toledo.

Julio: De acuerdo, luego se lo preguntaré al recepcionista.
Ahora disfrutemos de nuestra última noche en Ávila.

Ana: Vale. Reserva algún lugar y salgamos a tomar unas copas.

Lección

02 Los seres humanos, los animales y sus relaciones

Subjuntivo II: presente

Ficha informativa

https://www.npr.org/templates/story/story.php?storyId=112064007

Eduardo Galeano (Uruguay, 1940-2015), uno de los escritores más influyentes de la izquierda latinoamericana, habla de manera breve y concisa sobre los vínculos del hombre con la naturaleza, que se expresan a través de los animales. Sus relatos de *Bocas del tiempo* (2004) representan la vida de seres que tienen mucho para decir cuando sabemos escucharlos.

Ficha gramatical

El tiempo presente del modo subjuntivo manifiesta lo expresado por el verbo con marcas que indican subjetividad. Sirve para expresar deseos, sugerencias, sentimientos, dudas, etc. En la mayoría de los casos, se acompaña con el subordinante "que" o con la conjunción "aunque".

Lectura

Peces

¿Señor o señora? ¿O es posible que sean los dos a la vez? ¿O a veces él es ella, y a veces ella es él? En las profundidades del mar, nunca se sabe. Los llamados "meros", y otros peces, son virtuosos en el arte de cambiar de sexo sin cirugía y sin que sepamos cómo lo hacen. Las hembras se vuelven machos y los machos se convierten en hembras con asombrosa facilidad, y ninguno se preocupa de que haya burlas ni que pueda ser acusado de traición a la naturaleza o a la ley de Dios.

Pájaros

La casa, una construcción hecha de paja y de ramitas, es mucho más grande que su habitante. Pero alzar la casa, entre los matorrales espinosos, lleva no más que un par de semanas. El arte, en cambio, exige mucho tiempo de trabajo. Por más que busquemos, no encontraremos dos casas iguales. Cada pájaro pinta su morada como quiere, con pintura hecha de bayas machacadas, y cada cual la decora a su manera. Es raro que este tipo de pájaro no siga el modelo de sus padres o antecesores.

Los alrededores se alindan con tesoros arrancados del monte o de la basura de algún pueblo no lejano: las piedritas, las flores, los caparazones de caracoles, las hierbas y los musgos se ubican buscando armonía; y las tapas de botellas de cerveza y los pedacitos de vidrios de colores, de preferencia azules, se acomodan para que dibujen anillos o abanicos en el suelo con sus reflejos. Las cosas van cambiando mil veces de sitio, hasta que encuentren el mejor lugar para recibir la luz de cada día. Estos pájaros se llaman *caseritos*, porque son los arquitectos más alegres que se puedan encontrar en todas las islas de Oceanía. Finalmente, cuando ha concluido la creación de su casa y jardín, cada pájaro espera. Espera cantando, que pasen las pájaras. Y que alguna detenga su vuelo y vea su obra. Y que lo elija.

El león y la hiena

El león, símbolo de valentía y de nobleza, vibra en los himnos, flamea en las banderas y custodia castillos y ciudades. La hiena, símbolo de cobardía y de crueldad, no vibra, ni flamea, ni custodia nada. Es común que el león preste su nombre a jefes de Estado: trece papas se han llamado León; a reinos: León, hoy provincia de España; a ciudades: hay seis, al menos, por todo el mundo, y a escritores famosos, como el poeta León Felipe y el novelista ruso León Tolstoi. Pero no hay noticia de que ninguna persona o lugar se haya llamado o se llame Hiena.

El león es un mamífero carnívoro de la familia de los félidos. El macho se dedica a rugir. Sus hembras se ocupan de cazar un venado, una cebra o algún otro animal indefenso o distraído, mientras el macho espera. Cuando la comida está lista, es natural que el macho se sirva primero y que de los sobrantes coman las hembras. Y al final, si todavía queda algo, comen los cachorros. Si no queda nada, los hijos no tienen más remedio que pasar hambre.

La hiena, mamífero carnívoro de la familia de los hiénidos, tiene otras costumbres. Es el caballero quien trae la comida sin que nadie le ayude, y él come siempre al final, después de que se sirvan los niños y las damas.

Para elogiar, decimos: *es un león*. Y para insultar, es común que se diga: *es una hiena*. La hiena se ríe. ¿Por qué será?

El tiburón

En el cine y en la literatura, este monstruo artero y sanguinario navega por los mares del mundo, con sus fauces siempre abiertas mostrando su dentadura de mil puñales: es posible que piense en nosotros y se relama.

Fuera del cine y de la literatura, el tiburón no muestra el menor interés en la carne humana. Es muy raro que nos ataque y, si se diera el caso, es posible que sea en defensa propia o por error. Aunque algún tiburón muy miope nos confunda con un delfín o un lobo marino, pegará un mordisco y escupirá con asco: somos de mucho hueso y poca carne, y nuestra poca carne tiene un sabor horrible.

Los peligrosos somos nosotros, y lo saben bien los tiburones; pero ellos no hacen películas, ni escriben novelas.

La gallina

Las aves inspiraron el diseño de los aviones. Tomemos a la gallina como ejemplo. Si se comparan los datos de la organización Veterinarios sin Fronteras y de la Fuerza Aérea de los Estados Unidos, es fácil que se llegue a la conclusión de que la gallina y el avión de guerra no se parecen en nada:

- la gallina tiene forma de gallina y se llama "Gallina", y el avión de guerra B-2A tiene forma de murciélago y se llama "Espíritu", como el Northrop B-2 Spirit;

- la gallina cuesta no más de cinco o seis dólares y el avión cuesta, al menos, dos mil doscientos millones de esos billetes verdes;

- la gallina puede llegar a recorrer un kilómetro, siempre que esté en buena condición física, y el avión duplica la velocidad del sonido y viaja doce mil ochocientos kilómetros sin recargar combustible;

- la gallina no volará ni a un palmo del suelo mientras que el avión se eleve a más de quince mil metros;

- la gallina pone un huevo por día y el avión pone dieciocho toneladas de bombas, guiadas por satélite.

De *Bocas del tiempo*

Vocabulario

a la vez 동시에

virtuoso *m. f.* 명인, 장인

cirugía *f.* 외과, 외과 수술

matorral *m.* 수풀, 덤불, 풀숲

baya *f.* 장과(漿果), 산딸기류의 열매

alindarse *v.* 꾸미다, 단장하다

caparazón *m.* 갑각, 딱지

acomodar *v.* 배치하다

abanico *m.* 부채, 부채 모양의 물건

reflejo *m.* 그림자, 반사광

flamear *v.* 나부끼다, 펄럭이다, 휘날리다

custodiar *v.* 감시하다, 수호하다

Papa *m.* 교황

carnívoro *adj.* 육식하는, 육식의

félido *m.* 고양잇과 동물

distraído *adj.* 방심한, 멍한

sobrante *m.* 나머지, 잔량, 찌꺼기

cachorro *m.* (포유류의) 수컷 새끼, 수캉아지

no tener más remedio que~ ~할 수밖에 다른 도리가 없다

hiénido *m.* 하이에나과 동물

artero *adj.* 교활한, 간사한, 약삭빠른

sanguinario *adj.* 피에 굶주린, 살기등등한, 무자비한

relamerse *v.* 입맛을 다시다, 입술을 핥다

si se diera el caso 이런 일이 일어난다면

miope *adj.* 근시의, 근시안의

mordisco *m.* 베어 물기, 물어뜯기

Veterinarios sin Fronteras 국경 없는 수의사회

recargar *v.* 다시 채워 넣다, 급유하다, 충전하다

combustible *m.* 연료

palmo *m.* 뼘

까라까스 중심가인 사바나 그란데에 그려진 에두아르도 갈레아노

Preguntas para comentar

1. ¿Cuáles son los peces que cambian su sexo de forma natural?
2. ¿Cuál crees que sea la razón por la que ciertos pájaros se llaman *caseritos*?
3. ¿Qué lecciones nos deja el relato sobre el león y la hiena?
4. Según el texto, ¿cuándo los tiburones atacan a los humanos?
5. ¿Qué diferencias hay entre una gallina y un avión de combate?

Gramática

▶접속법 현재의 용법 (Usos del presente de subjuntivo) I

직설법이 실제 일어난 특정한 사건을 기술하는 반면, 접속법은 실제 일어나지 않은 사건이나 화자의 논평 또는 주관적 판단의 대상이 되는 사건을 기술한다.

❶ 명사절에 쓰이는 접속법

주절 동사(직설법) + que + 종속절 동사(접속법)

(1) 종속절에 영향을 미치는 동사 (Verbos de influencia): 주절 동사가 화자의 희망, 요구, 충고, 명령, 허가, 금지 등을 표현

querer, esperar, desear, preferir, pedir, rogar, aconsejar, mandar, ordenar, prohibir	que + 접속법

Quiero quedarme en casa, pero mis padres quieren que los acompañe por las calles.

Yo también espero que te recuperes pronto.

Te pido que tengas mucho cuidado al jugar. (= Te pido tener mucho cuidado al jugar.)

Me aconseja que venga temprano. (= Me aconseja venir temprano.)
Le prohíbo que hable en voz alta. (= Le prohíbo hablar en voz alta.)
Te ruego que me perdones. (= Te ruego perdonarme.)

(2) 감정, 심리를 나타내는 동사 (Verbos de sentimiento)

gustar, encantar, divertir, lamentar, sentir, temer	que + 접속법

Me alegro mucho de que Juan pueda viajar con nosotros.
cf. Me alegro mucho de verte.

Siento mucho que me digas eso.
cf. Siento tener que decirte esto.

Temo que mis notas no sean buenas.
cf. Temo haber cometido un error en el examen.

(3) 무인칭 구문 (impersonales): 가치판단이나 감정을 나타내는 형용사 또는 명사가 올 경우

Es	preciso, necesario, mejor, importante, (im)posible, (im)probable, dudoso	que + 접속법

Es preciso que no llegue tarde mañana.
Es mejor que dejen de ver la televisión.
Es necesario que te matricules hoy mismo.
Es posible que suban las tarifas de la luz en abril.
Es dudoso que mañana haga buen tiempo.
cf. No es dudoso (No es de dudar) que nuestro héroe fuera un verdadero líder.

Es	una lástima, una pena, lamentable	que + 접속법

Es una lástima que Juan pierda el partido.
Es una pena que Carlos no esté de acuerdo contigo.
Es lamentable que no encuentres un buen trabajo.

(4) 주절의 술어가 불확실성, 의심, 부정 등을 표현하는 경우

Felipe ha dicho que hay crisis política.

→ Felipe no ha dicho que haya crisis política.

Creo que hay huelga hoy.

→ No creo que haya huelga hoy. / ¿Crees que haya huelga hoy?

Es verdad (cierto / seguro / evidente / claro) que tiene novia.

→ No es verdad (cierto / seguro / evidente / claro) que tenga novia.

Dudo que sea necesario llamar a la Policía.

cf. No dudo que la Policía vendría enseguida.

Ejercicios

Escoge la forma del verbo que mejor complete la frase

1. El profesor insiste en que los estudiantes no (hablan / hablen) en clase.
2. No hay duda de que el gobierno sirio (está / esté) usando la violencia.
3. Es verdad que los pantalones (cuestan / cuesten) más que las camisas.
4. No me gusta que la ropa (queda / quede) grande.
5. Mis padres no quieren que nosotros (volvamos / volvemos) muy tarde a casa.
6. Espero que (sirvan / sirven) churros con chocolate en este café.
7. Es necesario que tú (pides / pidas) información sobre este curso.
8. No es cierto que (son / sean) las clases sociales quienes hacen la historia.
9. Si no quieres perderte, es importante que (sigues / sigas) el mapa.
10. La profesora prefiere que los alumnos (estudian / estudien) juntos.

Diálogo

Rubén: ¡Carmen, cuánto tiempo sin verte!

Carmen: ¡Hola Rubén! ¿Cómo te va todo?

Rubén: Muy bien, gracias. ¿Vendrás a jugar al tenis con nosotros el sábado por la mañana, verdad? Espero que no llueva.

Carmen: Pues dudo que pueda ir... Estoy haciendo un voluntariado durante los fines de semana.

Rubén: ¿Ah, sí? No lo sabía. ¿Qué tipo de voluntariado?

Carmen: Ayudo a la gente mayor que vive en una residencia de la tercera edad.

Rubén: Pues, estando solo con ancianos, no creo que el voluntariado sea divertido...

Carmen: Al contrario, me encanta ir. Disfruto mucho conversando con ellos.

Rubén: ¿Y de qué hablas con ellos que pueda ser interesante?

Carmen: Me cuentan historias de cuando eran jóvenes, me hablan de sus hijos y nietos. Es muy entretenido, se me pasa el tiempo volando.

Rubén: ¡Qué interesante! ¿Permiten que personas que no sean voluntarias hagan visitas?

Carmen: Claro que sí. Te aconsejo que vengas la semana que viene. Se celebra una fiesta para recaudar fondos para mejorar los jardines de la residencia.

Rubén: Está bien, iré. Yo también estaba pensando en hacer un voluntariado.

Carmen: Genial, dile a Carlos que venga también. Lo pasaremos fenomenal.

Lección

03 La "Fiesta brava"

Subjuntivo III: pretérito perfecto

Ficha informativa

La "Fiesta brava", como hoy la conocemos, tiene su origen en España a finales del siglo XVII y principios del XVIII. La fiesta de los toros (fiesta taurina) llegó a América en el tiempo de la conquista, junto con otras costumbres. En muchos países latinoamericanos es una fiesta muy popular y en España están haciendo grandes esfuerzos por conservar la tradición.

Ficha gramatical

El pretérito perfecto del modo subjuntivo denota una acción o un estado de cosas anteriores al momento en que se habla, vinculado con el presente. Se emplea también para referirnos a acciones que tienen que acontecer en el futuro, pero una vez que estas hayan acabado. Y en el caso de que expresemos posibilidad, duda, deseo o creencia de una acción de forma negativa.

Lectura

Pilar Torres: Muy buenas tardes, estimados televidentes. Bienvenidos a nuestro programa *TV: El ojo del huracán*. Buenas tardes, Rafael. ¿Qué tema nos has preparado hoy?

Rafael Mena: Buenas tardes, Pilar. Me alegro mucho de que me hayas invitado de nuevo a tu programa. Nuestro tema de hoy es la "Fiesta brava", actualmente en debate porque numerosas instituciones piensan que es un espectáculo salvaje. De hecho, han conseguido que se cierren dos plazas españolas, Canarias y Barcelona.

PT: No sabía que en Canarias las corridas de toros estuvieran prohibidas.

RM: Desde 1991 en Canarias, y a partir del 1.º de enero de 2012, en Barcelona, no habrá más fiestas de toros. Y es una lástima que se hayan prohibido, ya que están consideradas como una de las expresiones de la cultura hispánica.

PT: El filósofo José Ortega y Gasset explicaba que era impensable estudiar la historia de España sin considerar las corridas de toros, ¿no?

RM: Así es, tenemos suerte de que en su libro *La caza y los toros* se hayan reunido sus escritos sobre el tema. Comenzaremos por mostrarles a nuestros amigos televidentes la difusión que tuvo esta fiesta de toros fuera de España, especialmente en Hispanoamérica, aunque se realizan también en Portugal y en el sur de Francia. Países como Colombia, Perú, Venezuela, Costa Rica, Panamá, Ecuador, Bolivia y México cuentan ya la corrida de toros entre sus fiestas tradicionales.

PT: Rafael, antes de que empecemos, me gustaría que nos explicaras los elementos principales de esta fiesta, para que podamos entenderla mejor.

RM: Con mucho gusto, Pilar. Una corrida de toros es un espectáculo muy diferente a todos los demás y, por otro lado, es también un arte.

PT: Espectáculo y arte, ¡qué interesante! ¿Cuántos toreros participan en una corrida?

RM: En una corrida, generalmente tres toreros lidian seis toros, dos cada uno, por orden de antigüedad. Es obligado que al torero de mayor rango le corresponda lidiar el primer toro, al segundo torero el segundo y al tercero el tercer toro, continuando el primer torero con el cuarto toro y así sucesivamente. Pero tengo una sorpresa para nuestros amigos televidentes.

PT: ¿Qué sorpresa? No me habías comentado nada sobre la sorpresa...

RM: No tenía la seguridad de que alcanzara a llegar, por eso, también para mí es una sorpresa y un gran gusto poder recibir en el programa a Leandro de Andalucía, el famoso novillero colombiano que se presentará en la gran corrida de Navidad en la "Monumental Plaza de Toros México", la plaza de toros con mayor capacidad de asistentes que se haya construido en el mundo.

PT: ¡Bienvenido, Leandro de Andalucía! Es un honor tenerte en nuestro programa.

Leandro de Andalucía: Muchas gracias, Pilar.

RM: Leandro, te agradecemos que hayas aceptado venir a conversar con nosotros. A partir de este momento, como ya es costumbre en el programa, nuestro público puede hacer sus preguntas desde su casa a los teléfonos que aparecen en su pantalla.

LA: Estoy muy contento con la invitación al programa y es una suerte que hayamos coincidido, porque esta misma tarde viajaré a la Ciudad de México.

PT: Tenemos ya la primera pregunta del público. ¿En cuántas fiestas has toreado hasta el momento?

LA: Llevo 50 y presentaré mi alternativa, lo que sería la graduación para los toreros, el próximo domingo en la "Monumental Plaza de Toros México". Ahora soy novillero y pasaré a ser torero después del domingo, donde espero que mi estilo de toreo le guste al exigente público de la más grande plaza de toros del mundo.

PT: Maricela Dueñas quiere saber a qué hora y cómo comienza la corrida, y qué traje de luces has elegido para el domingo.

LA: A las cuatro en punto de la tarde. Primero salen los *banderilleros* que dan paso a los *matadores*, esperamos a que suene la *trompeta* desde el palco del juez y se da inicio a la corrida. Para este domingo he escogido un traje de color rojo y dorado con el cual salí en la Plaza de Toros de Bogotá cuando recibí mi bautizo de sangre, es decir, una ligera cornada del toro en la pierna derecha.

RM: Bernardo Huerta pregunta ¿cuántos años tienes y qué sientes al enfrentarte al toro?

LA: Es una gran experiencia, un reto de vida y de muerte tanto del torero como del toro, es una forma de vencer los miedos más grandes, de vencer los problemas, de burlar a la muerte y salir fortalecido. Tengo 25 años y nací en Santa María de Bogotá, Colombia.

PT: Nuestro amigo Ricardo Velasco pregunta cuál es el momento más difícil de la corrida.

LA: El momento más difícil es durante el último tercio de la corrida, el tercio de la muerte en donde se realiza el mayor enfrentamiento del matador con el toro. Aquí se torea con la muleta que es roja y no con el capote amplio. Al final, se toma la espada y hay que matar al toro con un estoque. Es cuestión de segundos, y debemos concentrarnos porque el torero expone su cuerpo más abiertamente ante el toro. Es el momento de dar fin a toda esa lucha a la que se considera un ritual y una obra de arte viva y efímera.

RM: He sabido que cortaste una oreja en tu última corrida.

LA: Así es, cuando la corrida le ha gustado al público, la gente comienza a mover simbólicamente sus pañuelos solicitando al presidente del jurado un trofeo para el matador. Esperamos a que el presidente de la plaza decida si concederá una o dos orejas y el rabo accediendo a las peticiones del público. Y en mi última corrida me dieron una oreja por mi faena.

RM: Leandro, ha sido un verdadero honor tenerte en el programa y esperamos que esta conversación haya sido del gusto de nuestro público que no ha parado de llamar para felicitarte y para decirte que cuentes con su apoyo.

LA: El honor ha sido mío por la oportunidad de hablar de mi carrera, y a todas las personas que han llamado, también les agradezco que se hayan interesado en la "Fiesta brava", que es una de las tradiciones más vivas de nuestra cultura hispanoamericana.

PT: Leandro, ojalá que haya otra oportunidad de tenerte con nosotros. Gracias Rafael. Amigos televidentes, esto ha sido todo por hoy y los esperamos la próxima semana con otro tema de interés en *TV: El ojo del huracán*. Muy buenas tardes.

Vocabulario

televidente *m.f.* 텔레비전 시청자 (= **telespectador**)
salvaje *adj.* 원시적인, 야만스러운
lidiar *v.* (소가 죽을 때까지) 싸우다, 투우하다
antigüedad *f.* 고참, 선임
novillero *m.f.* 견습 투우사
capacidad *f.* 능력, 수용 능력
alternativa *f.* 견습에서 마타도르로 승격하는 의식
exigente *adj.* 까다로운, 많은 것을 요구하는
traje de luces 투우복
bautizo *m.* 세례, 세례식
reto *m.* 도전
estoque *m.* 단도, (소를 죽이는) 칼
faena *f.* 육체 노동, (투우사의) 일련의 기술
ser del gusto 기호에 맞다

Preguntas para comentar

1. ¿Con qué otros nombres se le conoce a la 'Fiesta brava'?
2. ¿Por qué es lamentable que hayan prohibido la fiesta de los toros en Canarias y Barcelona?
3. ¿Qué escribió el famoso filósofo español José Ortega y Gasset acerca de esta fiesta?
4. ¿En qué países de América Latina es muy popular la fiesta taurina?
5. ¿Cuál es el nombre de un joven pero ya famoso torero colombiano?
6. ¿Qué dice el torero sobre la experiencia de enfrentarse al toro?
7. ¿Cuáles son los premios que se dan a los toreros cuando el público lo pide?
8. ¿Cómo se considera la "Fiesta brava" dentro de la cultura hispanoamericana?

Gramática

▶접속법 현재완료 (Pretérito perfecto de subjuntivo)

		-AR	-ER	-IR
yo	**haya**			
tú	**hayas**			
él / ella / usted	**haya**	**hablado**	**comido**	**vivido**
nosotros	**hayamos**			
vosotros	**hayáis**			
ellos / ellas / ustedes	**hayan**			

Me alegro mucho de que hayas venido./ Me alegro mucho de que vuelvas a Seúl.

Dudo que Carmen haya perdido peso./ Dudo que pierdas ese peso en tan pocos días.

Espero que hayas terminado el trabajo./ Espero que termines bien tus vacaciones.

▶ 접속법 현재의 용법 (Usos del presente de subjuntivo) II

❶ 관계절(형용사절)에 쓰이는 접속법

수식받는 명사(선행사)의 존재 여부가 확인되지 않는 경우, 또는 그 지칭 대상이 정해지지 않은 경우에 접속법이 사용된다.

A: Solicito (a) una persona joven que sepa de electricidad, tuberías y mecánica.
B: No será fácil encontrar a alguien con esas características.

Necesito (a) alguien que enseñe a bordar y a tejer para la clase de labores del hogar.
Mi amiga quiere casarse con un hombre que sea rico, guapo e inteligente.

❷ 부사절에 쓰이는 접속법

시간, 양보, 목적 등을 나타내는 부사절을 수반한 복문에서, 동사가 미래나 명령형처럼 실현되지 않은 행위를 표현할 때 접속법이 사용된다.

(1) 시간절

a que antes de que	접속법
hasta que cuando después de que en cuanto tan pronto como	접속법 / 직설법

Los niños esperan a que su madre les haga la maleta.
Nos veremos antes de que te marches.
Hasta que vuelvas, no nos acostaremos.
No nos acostamos hasta que volviste.

Llámame cuando llegues al aeropuerto.
Me llamó cuando llegó al aeropuerto.

Entraremos en casa después de que nuestros padres salgan.
Entramos en casa después de que nuestros padres salieron.

En cuanto llegue, me daré una ducha.
En cuanto llegó, se fue a dormir.
El doctor me llamará tan pronto como sepa el resultado del análisis.

(2) 양보절

aunque	접속법 / 직설법
por mucho / poco que **por muy 형용사 / 부사 que**	접속법

Aunque Susana trabaje mucho, ganará poco dinero.
Aunque Susana trabaja mucho, gana poco dinero.
Por mucho que comas, no engordarás.
Por muy lejos que te vayas, te encontraré.

(3) 목적절

para que	접속법

Te envío una postal para que te acuerdes de mí.
Voy a llamar a Carlos para que me traiga los documentos.

❸ 독립문에 쓰이는 접속법: 가능성

quizá (s)	직설법 / 접속법
tal vez	
probablemente	
posiblemente	
a lo mejor	직설법

A: ¿Cuánto tiempo os quedaréis en Toledo?
B: Quizá nos quedamos / quedemos una semana o más.

A: ¿Vivirán sus padres aquí? (= ¿Crees que sus padres vivan aquí?)
B: Tal vez viven / vivan aquí.

A: ¿Adónde habrán ido mis amigos?
B: Probablemente hayan / habrán / han ido al cine.

A: ¿Vendrá Juan con su novia?
B: Posiblemente venga / vendrá / viene solo.

A: ¿Cuántos años tendrá Antonio?
B: A lo mejor tiene veinte años.

스페인 최대 규모를 자랑하는 마드리드 라스 벤따스 투우장

Ejercicios

Pónganse el verbo entre paréntesis en el tiempo correcto de subjuntivo o indicativo

1. Por mucho que lo (querer) no debes mimarlo.
2. A lo mejor (ir, yo) a tu casa esta tarde.
3. Antes de que (llegar, ellas), avíseme.
4. Quizá (tener, nosotros) una idea de lo que es un jefe de Estado.
5. En cuanto (terminar), cierre la puerta y márchese.
6. Por más pobre que (ser), se puede mantener la vida.
7. Hasta que no me (decir) la verdad no te voy a dejar en paz.
8. No conozco a nadie que (ser) tan trabajador como Carlos.
9. Queremos que esta isla (ser) un lugar donde la gente (querer) hacer negocios.
10. Pablo Milanés (negar) que el Gobierno cubano (prohibir) la difusión de sus canciones.

Diálogo

Raúl: ¡Qué triste que hayan convertido la antigua plaza de toros de Las Arenas en un centro comercial!

Isabel: Pues a mí me parece que han hecho un buen trabajo.

Raúl: No puedo creer que hayan prohibido las corridas de toros en Cataluña.

Isabel: Pues yo me alegro de que el gobierno lo haya decidido así.

Raúl: Se trata de una tradición muy antigua, no sé qué tiene de malo.

Isabel: Alguien tiene que proteger los derechos de los animales, ¿no crees?

Raúl: Es una pena que de un tiempo acá la gente haya visto las corridas como actos de violencia, porque más bien se trata de un arte, de un ritual.

Isabel: No entiendo cómo pueden considerarlas manifestaciones artísticas cuando son una práctica de crueldad contra los toros.

Raúl: Es una lástima que la gente haya interpretado así esta tradición; pero, bueno, no vamos a discutir más sobre esto.

Isabel: Sí, vamos a dejarlo aquí. Me parece que no vamos a ponernos de acuerdo en este tema.

Raúl: Mira, ya que estamos aquí, aprovechemos las tiendas que no hayan cerrado para hacer algunas compras.

Isabel: Es una buena idea.

Lección

04

Luis Buñuel y su amistad con García Lorca y Salvador Dalí

Subjuntivo IV: pretérito imperfecto

Ficha informativa

Luis Buñuel fue un director de cine español que cambió su nacionalidad a mexicana. La mayoría de su obra la realizó en México y en Francia, y es uno de los más importantes y originales directores de la historia del cine. Sus primeros años de estudiante los pasó en la famosa Residencia de Estudiantes de Madrid, en donde conoció y se hizo amigo de grandes poetas y pintores, como Federico García Lorca y Salvador Dalí.

Ficha gramatical

En un contexto del pasado o después de un verbo principal en pretérito, imperfecto o condicional, se utiliza el pretérito imperfecto del subjuntivo en lugar del subjuntivo presente.

Lectura

Yo no había estado en Madrid más que una vez, con mi padre, por pocos días. Cuando volví en 1917 con mis padres, que querían buscar un lugar para que continuara mis estudios, me sentía paralizado por mi provincianismo. Aún recuerdo a mi padre, con su sombrero de paja, dándome explicaciones en voz alta en la calle Alcalá y señalando con el bastón. Yo, con las manos en los bolsillos, miraba para otro lado como si no lo conociera.

Visitamos varias pensiones madrileñas, pero mi madre no quiso dejarme allí porque temía que hubiera en ellas demasiadas libertades de costumbres. Finalmente, gracias a la recomendación de un senador, me inscribieron en la Residencia de Estudiantes donde permanecería siete años. Mis recuerdos de aquella época son tan ricos que, si no hubiera sido por mi estancia en la Residencia, mi vida habría sido muy diferente.

La Residencia costaba siete pesetas al día en habitación individual y cuatro pesetas en habitación doble. Mis padres pagaban la pensión y, además, me daban veinte pesetas a la semana para mis gastos, suma bastante considerable que, no obstante, casi nunca me alcanzaba. Cada vez que iba a Zaragoza de vacaciones, pedía a mi madre que pagara las deudas acumuladas durante el trimestre. Mi padre nunca se enteró.

Federico García Lorca llegó a la Residencia dos años después que yo. Venía de Granada y ya había publicado un libro en prosa. Brillante, simpático, con evidente tendencia a la elegancia, la corbata impecable, la mirada oscura y brillante, Federico tenía un atractivo, un magnetismo al que nadie podía resistirse. Era dos años mayor que yo e hijo de un rico propietario rural. En principio, fue a Madrid para estudiar Filosofía, pero pronto dejó las clases para dedicarse a la vida literaria. No tardó en conocer a todo el mundo y hacer que todo el mundo le reconociera. Su habitación de la Residencia se convirtió en uno de los puntos de reunión más solicitados en Madrid.

Nuestra amistad, que fue profunda, puede ser que iniciara desde nuestro primer encuentro. A pesar del gran contraste, entre el aragonés tosco y el andaluz refinado

—o quizá a causa de este mismo contraste—, casi siempre andábamos juntos. Por la noche nos íbamos a un descampado que había detrás de la Residencia, nos sentábamos en la hierba y él me leía sus poesías. Leía divinamente. Con su trato, fui transformándome poco a poco ante un mundo nuevo que él iba revelándome día tras día.

Alguien vino a decirme que un tal Martín Domínguez, un muchachote vasco, afirmaba que Lorca era homosexual. No podía creerlo. Un día, le dije a Federico en voz baja:

—Vamos afuera. Tengo que hablarte de algo muy grave.

Nos vamos a una taberna cercana. Una vez allí, le digo a Federico que voy a golpear a Martín Domínguez, el vasco.

—¿Por qué? —me pregunta Lorca.

Yo vacilo un momento, no sé cómo explicarme, yo pensaba que era mejor que lo supiera y a quemarropa le pregunto:

—¿Es verdad que eres maricón?

Él se levanta, herido en lo más vivo, y me dice:

—Tú y yo hemos terminado.

Y se va.

Desde luego, nos reconciliamos aquella misma noche. Federico no tenía nada de afeminado ni había en él la menor afectación. Era lógico que tampoco le gustaran las parodias ni las bromas al respecto.

Salvador Dalí, hijo de un notario de Figueras, llegó a la Residencia tres años después que yo. Quería dedicarse a las bellas artes, y nosotros no sé por qué le llamábamos el pintor checoslovaco. Al pasar, una mañana, por delante de su cuarto vi la puerta abierta y eché un vistazo. Estaba dando los últimos toques a un retrato de gran tamaño que me gustó mucho. Invité a Lorca y a los demás para que lo vieran:

—El pintor checoslovaco está terminando un retrato muy bonito.

Todos acudieron a la habitación, admiraron el retrato y Dalí fue admitido en nuestro grupo. A decir verdad, él y Federico serían mis mejores amigos. Los tres andábamos siempre juntos. Lorca sentía por él verdadera pasión, lo cual dejaba indiferente a Dalí. Dalí era un muchacho tímido, con una voz grave y profunda, el pelo muy largo, aunque después se lo cortó, le molestaban las exigencias de la vida cotidiana y su atuendo era extravagante, un sombrero muy grande, una chalina inmensa, una chaqueta que le llegaba hasta las rodillas y polainas. Causaba la impresión de que se vestía así para provocar, cuando en verdad lo hacía simplemente porque le gustaba, lo cual no impedía que a veces la gente le insultara por la calle.

En junio, cuando tuvo que presentarse al examen de ingreso en Bellas Artes y le ordenaron que se sentara ante el tribunal para el examen oral, exclamó de pronto:

—No reconozco a ninguno de los que están aquí el derecho a juzgarme. Me marcho.

Y se marchó efectivamente. Su padre vino de Cataluña a Madrid para tratar de arreglar las cosas con la Dirección de Bellas Artes. Resultó inútil. Dalí fue expulsado.

No puedo explicar día a día lo que fueron aquellos años de formación y de encuentros; nuestras charlas, nuestro trabajo, nuestros paseos, nuestras borracheras, los burdeles de Madrid y nuestras largas veladas en la Residencia. Si me preguntaran por esa etapa de mi vida, diría simplemente que fue inolvidable.

De *Mi último suspiro*

Vocabulario

paralizarse *v.* 마비되다, 불구가 되다
provincianismo *m.* 방언, 사투리
magnetismo *m.* 자성(磁性), 자력(磁力), 매력, 영향력
solicitado *adj.* 인기 있는
tosco *adj.* 거친, 교양 없는, 세련되지 않은
descampado *m.* 황야, 노천, 빈터
a quemarropa 느닷없이, 불쑥(= **a bocajarro**)
maricón *m.* 동성애자, 여자 같은 남자 (= **afeminado**)
afectación *f.* 가식, 속임수, 척하기
echar(dar) un vistazo (누가, 무엇을) 흘깃 보다
toque *m.* 가벼운 붓놀림, 터치
a decir verdad 실은, 사실을 말하자면
atuendo *m.* 옷, 의류
extravagante *adj.* 엉뚱한, 기이한, 기괴한
chalina *f.* 길게 늘어뜨린 넥타이, 보헤미안 넥타이
polaina *f.* 각반(脚絆)
tribunal *m.* 시험관, 심사위원회
formación *f.* 형성, 육성, 양성, 훈련
velada *f.* 밤샘, 철야, 밤 모임, 야간 파티

젊은 시절의 부뉴엘과 로르까

Preguntas para comentar

1. ¿Dónde vivía Luis Buñuel antes de llegar a Madrid?
2. ¿De qué manera especial lo ayudaba su mamá?
3. ¿Cómo dice que era el carácter de Federico García Lorca?
4. ¿Por qué quería golpear al vasco Martín Domínguez?
5. ¿Cómo le decían sus amigos a Salvador Dalí?
6. ¿Puedes dibujar cómo andaba vestido Salvador Dalí?
7. ¿Qué respondió Dalí a los profesores en el examen oral?
8. ¿Qué piensas de su actitud con esta respuesta?

Gramática

▶접속법 불완료과거 (Pretérito imperfecto de subjuntivo)

(1) 규칙동사: 직설법 부정과거의 3인칭 복수형 어간을 기본으로 한다.

"habl-aron" → "habl-ara" / "habl-ase"

	-AR **hablar**	**-ER** **comer**	**-IR** **vivir**
yo	habl-**ara** habl-**ase**	com-**iera** com-**iese**	viv-**iera** viv-**iese**
tú	habl-**aras** habl-**ases**	com-**ieras** com-**ieses**	viv-**ieras** viv-**ieses**
él / ella / usted	habl-**ara** habl-**ase**	com-**iera** com-**iese**	viv-**iera** viv-**iese**
nosotros	habl-**áramos** habl-**ásemos**	com-**iéramos** com-**iésemos**	viv-**iéramos** viv-**iésemos**
vosotros	habl-**arais** habl-**aseis**	com-**ierais** com-**ieseis**	viv-**ierais** viv-**ieseis**
ellos / ellas / ustedes	habl-**aran** habl-**asen**	com-**ieran** com-**iesen**	viv-**ieran** viv-**iesen**

(2) **불규칙동사**: 직설법 부정과거 3인칭 복수형에서 불규칙 어간을 갖는 동사는 접속법 불완료 과거형에서도 같은 형태의 불규칙 어간을 갖는다.

동사원형	직설법 부정과거형 ellos	접속법 불완료과거형 yo, él, ella, usted
andar	anduvieron	anduviera / anduviese
dar	dieron	diera / diese
decir	dijeron	dijera / dijese
estar	estuvieron	estuviera / estuviese
haber	hubieron	hubiera / hubiese
hacer	hicieron	hiciera / hiciese
ir, ser	fueron	fuera / fuese
poder	pudieron	pudiera / pudiese
poner	pusieron	pusiera / pusiese
querer	quisieron	quisiera / quisiese
saber	supieron	supiera / supiese

tener: tuviera, tuvieras, tuviera, tuviéramos, tuvierais, tuvieran
traer: trajera, trajeras, trajera, trajéramos, trajerais, trajeran
venir: viniera, vinieras, viniera, viniéramos, vinierais, vinieran
dormir: durmiera, durmieras, durmiera, durmiéramos, durmierais, durmieran
pedir: pidiera, pidieras, pidiera, pidiéramos, pidierais, pidieran

▶용법

(1) **시제일치**: 주절의 동사가 불완료과거, 부정과거, 가능법 등의 시제일 때 종속절의 접속법 동사는 접속법 불완료과거나 과거완료형을 사용한다.

V1 (직설법 과거 / 가능법) + que + V2 (접속법 과거)

• 명시절

Es necesario que Juan venda su casa urgentemente.
→ Era necesario que Juan vendiera su casa urgentemente.

Mi mamá quiere que vayamos con ella a Paraguay.

→ Mi mamá quería que fuéramos con ella a Paraguay.

Mi profesora me pedirá que termine el proyecto este año.

→ Mi profesora me pediría que terminara el proyecto este año.

• 관계절

Busco (a) una persona que hable francés y español.

→ Buscaba (a) una persona que hablara francés y español.

No hay nadie aquí que sepa hablar esas dos lenguas.

→ No había nadie aquí que supiera hablar esas dos lenguas.

Necesito a alguien que cuide a mis niños.

→ Necesitaba a alguien que cuidara a mis niños.

• 부사절

El profesor espera a que salgan todos los estudiantes del aula.

→ El profesor esperó a que salieran todos los estudiantes del aula.

Pilar se despierta antes de que suene el despertador.

→ Pilar se despertó antes de que sonara el despertador.

Dejo la puerta abierta para que ella pueda entrar.

→ Dejé la puerta abierta para que ella pudiera entrar.

※ a fin de que, a condición de que, a menos que, a no ser que, antes (de) que, con tal (de) que, en caso de que, para que, sin que 등의 부사구 접속사는 항상 접속법을 동반한다.

(2) 주절의 동사가 현재이지만 종속절에서 과거시제를 지칭할 때

Es una suerte que la bomba no estallara durante el día, cuando había gente allí.

No creo que Juan dijera algo sobre la política del país.

Es una lástima que yo no pudiera asistir a la reunión de ayer.

Ejercicios

Pónganse los verbos en cursiva en la correspondiente persona del subjuntivo

1. Ese tipo no tenía nada que me *gustar*.
2. Fue una lástima que el frío nos *impedir* usar mi Cadillac descapotable.
3. En esas condiciones, los soldados no podían aguantar hasta que *terminar* la guerra.
4. Carmen buscaba un coche que *ser* grande y cómodo.
5. Le dije que por mal que *cuidar* el césped, se mantendría.
6. A menudo hacían cosas sin que lo *saber* y sin pedir mi consentimiento.
7. Los chicos se concentraron y no permitieron que el rival *remontar* el marcador.
8. Te aconsejé que no me *traicionar*.
9. Whitman se apresuró a publicar una nueva edición antes de que *estar* agotada la anterior.
10. Era imposible que ellos *lograr* sus objetivos.

Diálogo

Paloma: Daniel, ¿cómo te fue en la entrevista de ayer para hacer tus prácticas?

Daniel: ¿Cómo sabes que tuve una entrevista?

Paloma: Noelia me dijo que te vio por los pasillos de la empresa.

Daniel: Ah, sí... Me alegré de verla porque cuando llegué no había nadie que me conociera.

Paloma: Me dijo que buscaban a alguien que supiera hablar muchos idiomas.

Daniel: Sí. Ese es el problema, solo hablo inglés y un poco de alemán.

Paloma: No te desanimes. Aún no conoces los resultados.

Daniel: Ya, pero si pudiera cambiar mi mala suerte...

Paloma: Si confiaras más en ti mismo, las cosas te irían mejor.

Daniel: Además, uno de los entrevistadores era un antiguo profesor que tuve en el primer año. ¿Y sabes qué? Me miró como si no me conociera.

Paloma: Hombre, siendo entrevistador es lógico que tuviera que ser objetivo.

Daniel: Sí, pero luego lo volví a ver en el pasillo y me ignoró, pasó como si yo no existiera.

Paloma: Tal vez no se acuerde de ti.

Daniel: Puede ser..., mejor cambiemos de tema. Voy a dar una fiesta en mi piso, ¿vendrás, no?

Paloma: ¿Cuándo es?

Daniel: El sábado por la noche. Desearía que vinieras con tu hermana.

Paloma: ¿Mi hermana? ¿Por qué?

Daniel: Ya sabes que me gusta desde hace tiempo... Y si pudiera verla de nuevo..., te lo agradecería infinitamente.

Lección

05 Bernardino

Subjuntivo V: pretérito pluscuamperfecto

Ficha informativa

Ana María Matute (Barcelona, 1925-2014) es considerada por muchos como una de las mejores novelistas de la posguerra española. Matute escribe sobre el problema de la pelea entre hermanos en la Guerra Civil española, y de las complejas relaciones en el mundo de la infancia y la adolescencia. Su prosa es muy frecuentemente lírica y práctica.

Ficha gramatical

El pretérito pluscuamperfecto de subjuntivo se usa cuando ya se está hablando en el pasado, para referirse a algo también pasado, pero con una anterioridad de la acción, en los mismos casos que los otros tiempos del subjuntivo. Muchas veces corresponde a acciones hipotéticas o no realizadas, situadas en el pasado.

Lectura

Siempre oímos decir en casa que Bernardino era un niño mimado. Bernardino vivía con sus hermanas mayores en "Los Lúpulos", una casa grande rodeada de tierras de cultivo y de un hermoso jardín, con un pequeño bosque cerca del río.

Algunas veces el abuelo nos llevaba a "Los Lúpulos" y, aunque el camino era bonito por la carretera vieja, las tardes en aquella casa no nos atraían. Las hermanas de Bernardino eran unas mujeres altas, fuertes y muy mayores. Se vestían a la moda antigua. Nos parecía extraño que un niño de nuestra edad no tuviera hermanos de nuestra edad, sino hermanas que parecían sus tías. El abuelo nos dijo:

—Es que la madre de Bernardino no es la misma madre de sus hermanas. Él nació del segundo matrimonio de su padre, muchos años después.

Para nosotros, Bernardino seguía siendo un ser extraño, distinto. Las tardes que nos llevaban a "Los Lúpulos" nos vestían incómodamente y debíamos jugar a juegos que no nos divertían. Se nos prohibía bajar al río y subir a los árboles. Todo esto parecía tener una sola explicación para nosotros:

—Bernardino es un niño mimado —nos decíamos, y no creíamos que hubiera otra razón.

Bernardino era muy delgado y rubio. A pesar de vivir en el campo, siempre estaba pálido. Era muy callado, demasiado tímido y acabábamos jugando por nuestra cuenta sin él, a pesar de comprender que no era correcto. Cuando alguna vez nos lo reprochaba el abuelo, mi hermano mayor decía:

—Ese chico mimado... No se puede jugar con él.

Verdaderamente no creo que entonces supiéramos bien lo que quería decir estar mimado. En todo caso, Bernardino no nos gustaba. Solo salía de "Los Lúpulos" acompañado de sus hermanas. Los chicos del pueblo tampoco lo querían. Un día, Mariano Alborada, el hijo de un capataz que pescaba con nosotros en el río, nos dijo:

—A ese Bernardino le vamos a armar una.

—¿Qué cosa? —dijo mi hermano, que era el que entendía el lenguaje de los chicos del pueblo.

—Ya veremos —dijo Mariano, sonriendo—. Algo bueno se nos presentará un día. Se la vamos a armar.

Y sí, se presentó y la verdad es que fuimos bastante cobardes cuando llegó la ocasión. Nosotros no odiábamos a Bernardino, pero no queríamos perder la amistad con los del pueblo, entre otras cosas porque hubieran dicho al abuelo andanzas que no deseábamos que conociera. Por otra parte, las escapadas con ellos eran una de las cosas más atractivas de la vida en las montañas. Sin embargo, nunca hubiéramos imaginado lo que prepararían para él.

Bernardino tenía un perro que se llamaba "Chu". El perro quería mucho a Bernardino porque siempre le seguía saltando y moviendo su cola blanca. Era inteligente y simpático, seguía nuestros juegos y se hacía querer enseguida. A "Chu" lo queríamos todos, y confieso que alguna vez, con mala intención, al salir de "Los Lúpulos" intentábamos atraerlo con pedazos de pastel o terrones de azúcar, para que se viniera con nosotros. Pero no, en el último momento "Chu" nos dejaba y se volvía saltando hacia su tímido amigo que lo esperaba quieto mirándonos con sus ojos casi amarillos.

—Ese pavo... —decía mi hermano pequeño—.

Y la verdad, para qué negarlo, nos moríamos de envidia. Si hubiéramos podido robarlo, nos habríamos llevado a "Chu" a nuestra casa.

Una tarde mi abuelo nos llevó a "Los Lúpulos" y encontramos a Bernardino muy inquieto.

—No encuentro a "Chu"—nos dijo—. Se ha perdido o alguien me lo ha quitado, lo he buscado toda la mañana y toda la tarde pero no lo encuentro...

—¿Lo saben tus hermanas? —le preguntamos.

—No —dijo Bernardino—. No quiero que sepan...

—Vamos a buscarlo —le dijo mi hermano—. Ya verás que lo encontraremos.

—¿Adónde? —dijo Bernardino—. Ya he recorrido todo...

—Pues afuera —contestó mi hermano—. Cruzaremos el muro y bajaremos al río... Luego, podemos ir hacia el bosque. ¡En alguna parte estará!

Bernardino dudó un momento. Estaba prohibido atravesar el muro y nunca lo hacía. Sin embargo, movió afirmativamente la cabeza.

Nos escapamos por el lado donde el muro era más bajo. Recorrimos el bosquecito y luego bajamos al río. Todos íbamos llamando a "Chu" y Bernardino nos seguía, silbando de vez en cuando. No lo encontramos. Hubiéramos regresado a casa tristes y silenciosos, pero nos llamó una voz desde el camino del bosque:

—¡Eh, acá!...

Levantamos la cabeza y vimos a Mariano Alborada. Detrás de él estaban Roque y Gracián. Todos llevaban palos en la mano y sonreían como cuando pensaban algo malo.

—¿Habéis visto a "Chu"? —dijo mi hermano.

—Sí, lo hemos visto. ¿Queréis venir? —dijo Mariano.

Bernardino avanzó, esta vez delante de nosotros. Era extraño, de pronto parecía haber perdido su timidez. Si mi abuelo hubiera estado ahí, no lo habría reconocido.

—¿Dónde está "Chu"? —dijo Bernardino. Su voz sonó clara y firme.

Mariano y los otros echaron a correr. Nosotros los seguimos corriendo también. Primero que ninguno iba Bernardino. Efectivamente, ellos tenían a "Chu", lo habían atado por las patas traseras y el cuello con una cuerda. Un escalofrío nos recorrió, ya sabíamos lo que hacían los del pueblo con los perros vagabundos. Bernardino se detuvo y "Chu" empezó a aullar, tristemente. Pero sus aullidos no llegaban a "Los Lúpulos". No hubieran podido elegir un mejor lugar.

—Ahí tienes a "Chu", Bernardino —dijo Mariano—. Le vamos a dar de veras.

Bernardino seguía quieto, como de piedra. Mi hermano, entonces, avanzó hacia Mariano.

—-¡Suelta al perro! —le dijo—. ¡Lo sueltas o...!

—Tú, quieto —dijo Mariano, con el palo levantado—. ¡Como digáis una palabra le contaré a vuestro abuelo lo que hicisteis en el huerto de Manuel!

Mi hermano retrocedió. Yo me mordí los labios. Mi hermano pequeño empezó a roerse las uñas.

—Si nos das algo que nos guste —dijo Mariano— te devolvemos a "Chu".

—¿Qué queréis? —dijo Bernardino sin miedo.

—Dinero —dijo Roque.

—No tengo dinero —contestó Bernardino.

De pronto, se pusieron furiosos. Mariano le gritó:

—Si te dejas dar de veras tú, en vez del perro...

Todos miramos a Bernardino, asustados. Hubiéramos podido defenderlo pero fuimos cobardes y nos apiñamos los tres juntos a un roble. Sentí un sudor frío en las manos. Pero Bernardino no cambió de cara y contestó:

—Está bien. Dadme de veras.

Por un momento Mariano pareció asustado. Pero enseguida dijo:

—¡Vamos Roque...!

Le quitaron la camisa. La piel de Bernardino era pálida y se le marcaban mucho las costillas. Roque le sujetó las manos a la espalda, y Mariano dijo:

—Empieza tú, Gracián...

Gracián tiró el palo al suelo y echó a correr, Mariano se enfureció más. Rabioso, levantó el palo y dio de veras a Bernardino, hasta que se cansó.

A cada golpe, mis hermanos y yo sentíamos una vergüenza mayor. Oíamos los aullidos de "Chu" y veíamos sus ojos dulces y doloridos. En cambio, Bernardino parecía no sentir dolor. Seguía quieto recibiendo los golpes, con su sonrisa fija y bien educada. También sus ojos seguían indiferentes. Cuando salió la primera gota de sangre Mariano se quedó con el palo levantado. Luego vimos que se ponía muy pálido. Roque soltó las manos de Bernardino y corrió hacia abajo, como un rayo.

Mariano miró de frente a Bernardino.

—Puerco —le dijo—. Puerco.

Tiró el palo con rabia y se fue, más aprisa de lo que hubiera deseado.

Bernardino se acercó a "Chu". A pesar de los golpes en su espalda, sus brazos y su pecho, parecía tranquilo y altivo, como siempre. Lentamente desató a "Chu", que se lanzó a lamerle la cara. Luego, Bernardino nos miró. No olvidaré nunca la transparencia de sus ojos de color amarillo, hubiéramos preferido que nos reclamara nuestra cobardía. Se alejó despacio con "Chu". Volvimos a "Los Lúpulos". Estábamos ya llegando al muro, cuando un ruido nos detuvo. Mi hermano mayor avanzó hacia los árboles del río. Le seguimos sin hacer ruido. Echado boca abajo, medio oculto entre los arbustos, Bernardino lloraba desesperadamente, abrazando a su perro.

De *Historias de la Artamila* (1961)

Vocabulario

tierras de cultivo 경작지
mimado *adj.* 버릇없는, 응석받이로 자란
a pesar de~ ~에도 불구하고
acabar + gerundio 마침내 ~하다
por nuestra cuenta 우리끼리
reprochar *v.* 나무라다, 꾸중하다
capataz *f.* 십장, 농장관리인
andanza *f.* 모험(**pl.**)
armarla 말썽을 일으키다, 소동을 벌이다
presentarse *v.* 나타나다, 생기다
escapada *f.* 도망, 탈주
hacerse querer (~에게) 사랑받다
terrones de azúcar 설탕 덩어리
pavo *m.* 바보, 멍청이
morirse de~ (~로) 죽을 지경이다
de vez en cuando 이따금씩, 때때로
de pronto 돌연, 갑자기
echarse a + ***inf.*** 갑자기 ~하기 시작하다
patas traseras 뒷다리
escalofrío *m.* 한기, 오한
aullar *v.* (개가 슬프게) 울부짖다
dar de veras 매질하다, 몽둥이질하다(= **azotar**)
retroceder *v.* 후퇴하다, 뒷걸음질치다
roerse *v.* 깨물다, 물어뜯다(= **morderse**)
en vez de~ ~ 대신에(= **en lugar de**)
apiñarse *v.* 가득 차다, 북적거리다, 우글거리다
sujetar *v.* 단단히 붙잡다
enfurecerse *v.* 격노하다, 화내다
en cambio 반면에, 그 대신
altivo *adj.* 거만한, 오만한, 거드름피우는
boca abajo 엎드려, 거꾸로 된 자세로

Preguntas para comentar

1. ¿Cómo eran las hermanas de Bernardino?
2 ¿Por qué los otros niños no querían a Bernardino?
3. ¿Quién era su único amigo?
4. ¿Por qué los otros niños tenían que obedecer a Mariano?
5. ¿Qué hicieron Mariano y sus amigos con el perro "Chu"?
6. ¿Qué pidió primero Mariano para dejar libre al perro de Bernardino?
7. ¿Cuál fue la condición final que Bernardino aceptó para salvar a su perro?
8. ¿Qué hicieron los otros niños para defender a Bernardino?
9. ¿Qué piensas de la actitud de esos niños?

Gramática

▶접속법 과거완료 (Pretérito pluscuamperfecto)

조동사 haber의 접속법 불완료과거형에 과거분사를 첨가하여 만든다.

		-AR	-ER	-IR
yo	hubiera hubiese			
tú	hubieras hubieses			
él / ella / usted	hubiera hubiese	hablado	comido	vivido
nosotros	hubiéramos hubiésemos			
vosotros	hubierais hubieseis			
ellos / ellas / ustedes	hubieran hubiesen			

과거분사가 둘인 동사: '-so'로 끝나는 불규칙 과거분사는 그에 상응하는 규칙 형태도 존재하는데, 과거완료에서는 규칙 형태를 사용해야 한다.

-so / -ido	(confundir) confuso-**hubiera confundido**, (incluir) incluso-**hubiera incluido**, (imprimir) impreso-**hubiera imprimido**

용법

(1) 종속절에서의 시제일치

Me alegro mucho de que su padre haya recobrado la salud completamente.
→ Me alegré mucho de que su padre hubiera recobrado la salud completamente.

No es normal que no hayan terminado todavía los deberes.
→ No era normal que no hubiesen terminado todavía los deberes.

No creo que Juan haya podido hacer algo así.
→ No creí que Juan hubiera podido hacer algo así.

(2) Ojalá, como si로 이끌리는 절

Ojalá que hubiera tenido los conocimientos necesarios para el puesto.
Me dicen que es como si hubiese caído la bomba atómica.

(3) 가정법 과거완료

¿Qué hubiese pasado si no hubiera ocurrido la Segunda Guerra Mundial?
Si usted se hubiera preparado mejor, habría resuelto el problema.

Ejercicios

Pónganse el verbo entre paréntesis en el tiempo correcto de subjuntivo

1. No era evidente que ellos también (leer) a García Márquez, porque entonces no habrían cometido tantos errores.
2. Era necesario que (hablar, ellos) conmigo antes, así nos habríamos ahorrado este problema.
3. Si mis amigos te (contar) mi secreto, me habría molestado con todos.
4. Tenía tanta hambre que parecía que no (comer) en tres días.
5. Yo, en tu lugar, no lo (hacer) así.
6. Me (gustar) poder darte el regalo el pasado viernes.

스페인 내전 당시의 총살 장면을 흉내내는 아이들

Diálogo

Javier: Ayer, mientras paseaba al perro me encontré a Alicia, nuestra compañera de la secundaria.

Patricia: ¿Ah, si? ¿Y qué hay de su vida? Hace años que no sé nada de ella.

Javier: La verdad es que está muy cambiada. Si no me hubiera llamado por mi nombre, no la habría reconocido.

Patricia: ¿Ha cambiado mucho?

Javier: Ha perdido mucho peso, yo diría que al menos unos diez kilos, está más guapa.

Patricia: Si me hubieras llamado por teléfono, habría bajado al parque para verla.

Javier: Ella tenía mucha prisa. Si hubiera tenido más tiempo, le habría pedido que subiera a casa para que os saludarais.

Patricia: ¡Qué lástima! Hace tantos años..., hubiera querido darle un abrazo.

Javier: Tranquila, me pidió tu número. Te llamará un día de estos.

Patricia: Perfecto. ¿Y qué más te contó?

Javier: Pues, que se dedicaba a adiestrar perros de asistencia.

Patricia: ¿Qué son los perros de asistencia?

Javier: Son perros especialmente adiestrados para ayudar a personas con algún tipo de discapacidad o que hubieran sufrido un accidente.

Patricia: No sabía que Alicia hubiera hecho un curso de adiestramiento para perros.

Javier: No hace mucho que lo hizo, aunque dijo que le hubiera gustado estudiar veterinaria. Por lo visto, desde siempre le han gustado los animales.

Lección

06 El Clásico del fútbol español

Subjuntivo VI: varios casos, 'ojalá (que)', 'como si', condicionales

Ficha informativa

Los periodistas españoles han llamado Clásico al partido de fútbol donde se enfrentan el Fútbol Club (FC) Barcelona con el equipo del Real Madrid, que es sin duda la rivalidad más importante en el fútbol español. Ambos clubes han ganado reconocimientos internacionales; por ejemplo, el Real Madrid fue designado por la FIFA como el mejor club del siglo XX, y la Federación Internacional de Historia y Estadística de Fútbol (IFFHS) otorgó al FC Barcelona el título de mejor club mundial de la primera década del siglo XXI.

Ficha gramatical

Después de la expresión "ojalá (que)" o "como si" siempre se usa el subjuntivo. El subjuntivo también se utiliza en aquellas construcciones condicionales que llamamos condición "probable" o condición "imposible".

Lectura

Hoy en día, no es exagerado decir que el fútbol profesional europeo es el deporte que tiene más seguidores del mundo. Casi todos los países de Europa tienen su propia liga y los campeones de cada una compiten en la Liga de Campeones. La liga española es, sin duda alguna, una de las tres mejores del fútbol profesional de Europa, teniendo en cuenta cualquiera de los siguientes criterios: historia, nivel de juego, presupuestos e ingresos y, por supuesto, jugadores. Los mejores jugadores de la historia del fútbol han jugado en la liga española: Alfredo Di Stefano (Real Madrid [1953-64], Español [1964-66]), Johan Cruyff (FC Barcelona [1973-78]), Diego Maradona (FC Barcelona [1982-84], Sevilla [1992-93]), Ronaldo (FC Barcelona [1996-97], Real Madrid [2002-07]), Zinedine Zidane (Real Madrid [2001-06]), Cristiano Ronaldo (Real Madrid [2009-18]), Lionel Messi (FC Barcelona [desde 2004]), etc.

Como vemos en la lista de los jugadores legendarios, destacan dos clubes: el Real Madrid y el Fútbol Club (FC) Barcelona. Son dos gigantes tanto del fútbol español como del europeo. El Clásico es el partido de mayor rivalidad que disputan estos dos clubes. También se le conoce como "el partido del siglo" o como "el derbi español". Sus enfrentamientos mantienen en vilo los corazones de millones de aficionados, no solo en España sino en casi todos los continentes. Hay pocos eventos deportivos que se acerquen a los datos del Clásico. La cifra se ha elevado actualmente a una audiencia de hasta 650 millones espectadores en 180 países, por encima incluso del *Super Bowl*. A lo largo de la historia del fútbol español, ambos clubes se han enfrentado 243 veces, de las cuales el FC Barcelona ganó 96 partidos, el Real Madrid 95 y empataron 52 partidos. Todos los jugadores del Clásico se han emocionado como si su sueño se hubiera realizado.

La rivalidad existente entre los dos equipos es tan conocida como furiosa. Pero esta tensión es más que una simple rivalidad deportiva. Tiene sus raíces en la historia de España y en el conflicto de la identidad regional en Cataluña. Históricamente, el FC Barcelona ha sido el vehículo principal por el cual los catalanes han podido expresar su oposición al gobierno nacional, especialmente durante los 36 años de la dictadura de Francisco Franco. El lema en catalán, *Més que un club*, dibujado en los asientos del Camp Nou, el estadio del equipo barcelonés, es una muestra de que el club funciona como si fuera el símbolo de identidad y orgullo de los catalanes.

Por su parte, el Real Madrid se ha considerado que simboliza el gobierno central y el concepto de una España unida, por ubicarse en la capital del país. Muchos creen que el equipo madridista habría sido el equipo de Franco. Se afirma que el dictador quería aprovecharse del éxito clamoroso del Real Madrid en las competiciones europeas para mejorar su imagen negativa, pero no es seguro que el gobierno franquista hubiera patrocinado al equipo madridista.

Puesto que el Real Madrid y el FC Barcelona simbolizan el centralismo y el nacionalismo regional, respectivamente, el partido entre ambos equipos se recubre con una profunda dimensión política. En los últimos encuentros del Clásico, los aficionados de FC Barcelona, llamados *culés*, en el minuto 17 con 14 segundos gritaban "independencia", aludiendo al año 1714, cuando las tropas de Felipe V entraron en Barcelona, abolieron las instituciones autónomas e impusieron el uso del castellano.

A pesar de la rivalidad deportiva y de las diferencias políticas que pueda esconder el Clásico, todo el mundo está pendiente de dicho encuentro porque es un partido especial, distinto por el ambiente que lo rodea. A Johan Cruyff, exjugador y exentrenador del Barcelona y, al mismo tiempo, uno de los personajes centrales del Clásico, le encanta Madrid: "Madrid me ha parecido siempre una gran ciudad. Cuando paseo, siempre se me acercan personas a decirme que, a pesar de que ellos son del Real Madrid, me admiran como si yo hubiera sido jugador del Real Madrid. Los madrileños siempre han sido increíblemente amables y generosos conmigo, y eso para mí es muy satisfactorio".

레알 마드리드의 홈구장 산띠아고 베르나베우
(Estadio Santiago Bernabéu)

FC 바르셀로나의 홈구장 깜 노우
(Camp Nou)

Vocabulario

ingreso *m.* 수입
destacar *v.* 두드러지다
enfrentamiento *m.* 대결
en vilo 공중에 떠 있는, 아슬아슬한
empatar *v.* 비기다
rivalidad *f.* 경쟁관계
furioso *adj.* 광란의, 격노한
dictadura *f.* 독재
fútbol, futbol *m.* 축구
lema *m.* 표어, 슬로건
aprovecharse de ~을 활용하다, 이용하다
clamoroso *adj.* 굉장한
ubicarse *v.* ~에 위치하다
patrocinar *v.* 후원하다
recubrir *v.* 덧씌우다
aficionado *m.* 팬, 지지자
aludir *v.* 시사하다, 빗대어 말하다

Preguntas para comentar

1. ¿Por qué el Clásico se hizo famoso?
2. ¿Cómo es la estadística de los resultados de este partido hasta ahora?
3. ¿De dónde proviene la rivalidad política de los dos equipos?
4. ¿Qué significa '*Més que un club*'?
5. ¿Cómo fue recibido Johan Cruyff por los aficionados del Real Madrid?

Gramática

▶ 독립문에 쓰이는 접속법 (Subjuntivo en oraciones independientes)

(1) 현재나 미래의 단순 원망문 (부디 ~하기를)

Ojalá (que) Que	접속법 현재

A: ¿Parará de llover?
B: ¡Ojalá que pare de llover!

A: ¿Tendrás vacaciones en agosto?
B: Ojalá que tenga vacaciones en agosto.

¡Que tengas mucha suerte!
¡Que tengas un buen viaje!
¡Que aproveches!
¡Que te vaya (todo) bien!

(2) 실현 가능성이 희박한 현재나 미래의 원망문 (~했으면 좋으련만)

Ojalá (que)	접속법 불완료과거

A: A Julio le ha tocado el mayor Gordo de la historia.
B: ¡Ojalá tuviera tanta suerte como él!

A: Juan nos ha dicho que no puede venir.
B: ¡Ojalá que viniera!

A: Ya sabe todo el mundo que el doctor no siempre dice la verdad.
B: ¡Ojalá fuera cierto lo que dice!

(3) 실현되지 않은 과거의 원망문 (~했더라면 좋았을 텐데)

Ojalá (que)	접속법 과거완료

¡Ojalá el gobierno hubiera entendido la importancia de la igualdad entre mujeres y hombres!

(4) 정중한 표현 (querer, poder, deber, saber)

¡Por favor! Quisiera poder hacer mi sueño realidad.
Quisiera pedirle un favor./¿Quisieras hacerme un favor?

▶가정문 (Subjuntivo en oraciones condicionales)

(1) 가정법 과거: 현재 사실의 반대

Si + 접속법 과거 (llevara), 가능법 불완료 (hablaría)

Si tuvieras tiempo, te invitaría a comer.
Si tuviera oportunidad, me inscribiría en más cursos de Estadística.
Si yo fuera tú, no haría tal cosa.

Si hiciera sol, iríamos a la playa.
Si estuviera en tu lugar, cambiaría muchas cosas.

(2) 가정법 과거완료: 과거 사실의 반대

Si + 접속법 과거완료 (hubiera llevado), 가능법 완료 (habría hablado)

Si hubieras tenido tiempo, te habría invitado a comer.
Si me lo hubieran presentado, habría ido a saludarlo.
Si me hubieras dicho antes, no lo habría comprado en el mercado.
Si no hubiera llovido, habríamos salido de paseo.
Si hubiera habido sitio en el estacionamiento, no habría aparcado el coche en la calle.
De haberte visto, te habría saludado.
cf. Si vienes, te invitaré / invito a comer. (La condición "posible" o "real")

▶양태절 구문 (Subjuntivo en oraciones modales)

(1) 마치 ~인 것처럼

como si	접속법 불완료과거

Este teléfono funciona muy bien. Te oigo como si estuvieras aquí.
El taxista se comporta como si no supiera dónde está el aeropuerto.
Bésame mucho, como si fuera esta noche la última vez.
Mi profesora me trató como si fuera su propia hija.

(2) 마치 ~였던 것처럼

como si	접속법 과거완료

Se comporta como si no hubiera pasado nada.
Ella habla como si hubiera vivido mucho tiempo en España.
Se veían como si no hubieran dormido desde hace días.

Ejercicios

Pónganse el verbo entre paréntesis en el tiempo correcto de subjuntivo

1. Hay que vivir la vida como si hoy (ser) el último día.
2. Si (haber) nieve en las montañas, podría esquiar.
3. ¡(Ser) mejor ir en metro!
4. Ojalá el Real Madrid (ganar) el partido este fin de semana.
5. Si (tener) dinero suficiente, habríamos comprado un nuevo coche.
6. Se lo comieron todo como si (llevar) una semana sin comer.
7. Ojalá (abrir) tu corazón para haberme apoyado en tu hombro cuando estuve solo.

Diálogo

Marta: ¡Hola Cristina! ¿Cómo te fue en el verano?

Cristina: Muy bien. He estado en mi pueblo durante todas las vacaciones y disfruté como si hubiera vivido siempre allí.

Marta: Vaya, ¡qué envidia! Yo me quedé todo el verano por aquí..., un aburrimiento.

Cristina: ¿Y qué has venido a hacer hoy a la facultad? No creo que las clases empiecen hoy sino hasta la semana que viene.

Marta: Cierto, solo que estoy mirando si quedaran plazas en la residencia de la universidad.

Cristina: ¿No estabas viviendo en un piso compartido cerca de aquí?

Marta: Sí, pero ojalá que pudiera dejar el piso.

Cristina: ¿Por qué? Decías que era muy económico y bien ubicado.

Marta: Sí, pero con tanta gente es imposible estudiar en casa y muchas veces no tengo tiempo para cocinar ni para hacer las tareas del hogar.

Cristina: Entiendo. Pero a estas alturas puede que sea difícil encontrar una habitación disponible.

Marta: Lo sé, ojalá tenga suerte y pueda entrar a vivir en la residencia.

Cristina: Hablas como si se tratara de la lotería...

Marta: Pues sí, es algo parecido. Que te asignen una habitación de la residencia es como si te tocara el premio "Gordo" de la lotería.

Cristina: Bueno, no es de extrañar... En ningún sitio vas a encontrar un precio más bajo y además no creo que ningún restaurante fuera de la residencia ofrezca precios tan baratos.

Marta: Ya..., ojalá que alguien cancele su solicitud.

Cristina: ¡Mucha suerte!

Lección

07

El mundo tecnológico en el futuro

Interrogativos

Ficha informativa

Los avances de la ciencia en el campo de la tecnología han marcado un estilo de vida, que va diferenciando a quienes tienen acceso a sus productos del resto de la población. Tener o no aparatos para acceder a Internet en cualquier lugar, por ejemplo, se va convirtiendo cada vez más en una necesidad para niños y jóvenes, principales consumidores de estas novedades. Las ventajas son evidentes, pero pocas veces reflexionamos sobre las consecuencias físicas, psicológicas y sociales que podría tener su uso indiscriminado.

Ficha gramatical

Los enunciados interrogativos en español presentan poca complicación gramatical, tal vez con la excepción de la diferencia entre los pronombres *qué* y *cuál*. Los interrogativos siempre se usan para preguntar por cosas, eventos o personas. Si observas bien, los interrogativos directos siempre llevan signos de interrogación al empezar y terminar la oración (¿ ?). También, todos los pronombres interrogativos.

Lectura

¿Qué pasaría si no hubiera Internet? Es una pregunta frecuente en foros y redes sociales que la gente responde según sus propios intereses, aunque la mayoría esté de acuerdo en la gran influencia que ha tenido en la forma de hacer negocios. ¿Cuáles han sido los cambios principales? En primer lugar, el sistema para comprar. Con la evolución del comercio electrónico las opciones para los usuarios son inmensas. ¿Dónde se pueden comprar flores durante el invierno? Usted no tiene que salir de casa, dando un clic en el ratón puede comprar desde flores para el "Día de la Madre" hasta muebles para el hogar. Tampoco hay que ir a la agencia para organizar un viaje. Hoy en día, lo más común es comprar pasajes aéreos a través de las páginas web de las aerolíneas.

El Internet (o la Internet) es un fenómeno relativamente reciente creado desde hace una década más o menos. Sin embargo, nadie esperaba que su impacto fuera tan determinante sobre el mundo de los negocios en el presente y en el futuro próximo. Pero ¿quién podría tener una página web propia? Hace unos años, solo las empresas del campo de la tecnología podían tener una, pero ahora es raro que aparezca un anuncio para un producto sin una dirección de Internet. Desde las empresas familiares hasta las firmas multinacionales tienen una página web para ofrecer sus productos al mercado mundial. Los abogados, los médicos, los agentes de publicidad e incluso los políticos, no existe profesión que no haya cambiado su forma de trabajar por la influencia del Internet.

¿Cuánto tiempo se necesita para buscar un producto? El mínimo. Una vez conectado a Internet, se necesita un navegador, que es un programa que sirve para moverse en el ciberespacio. Para buscar información concreta, se utiliza un buscador, que también se conoce como motor de búsqueda, como Yahoo, Google o Naver. Cuando el usuario escribe unas palabras, el buscador le da una lista de páginas que contienen esas palabras. Solo hay que hacer clic en alguna de las direcciones para revisar las opciones ofrecidas.

Una de las expresiones más escuchadas en este momento es la del "comercio electrónico". ¿Cómo se realiza ese tipo de comercio? Básicamente, es el uso de las telecomunicaciones para participar en la compra y venta de productos y servicios que el cliente recibirá por vía de paquetería o en forma digital. Las empresas que participan en el comercio electrónico ofrecen un catálogo de productos al consumidor, el cual puede pedir desde su página web metiendo los datos de su tarjeta de crédito en el formulario electrónico. Allí es donde aparece una de las preguntas más importantes para este tipo de comercio: ¿Qué tan seguro es hacer transacciones comerciales por Internet? Las compañías dicen que es más seguro usar una tarjeta de crédito por Internet que en una tienda o en un restaurante. Sin embargo, la desconfianza del público crece cada vez que sale en las noticias un caso de piratas informáticos (*hackers*), que roban información financiera a través de una página web. Las grandes empresas tecnológicas, como Microsoft, están invirtiendo millones de dólares para mejorar la seguridad del comercio electrónico.

¿Cuándo conviene comprar por Internet? Cuando se busquen productos conocidos, que no se necesite verlos ni probarlos, es mejor comprar por Internet directamente en la empresa productora. En este caso se encuentran los electrónicos y algunos electrodomésticos. No obstante, la ropa es lo menos recomendable para comprar en línea, ya que es mejor ver la calidad y tener la oportunidad de probarla para quedar satisfechos con la compra.

¿Dónde es más barato, en la tienda o en Internet? A la hora de decidir qué cosas podemos comprar a través de Internet y qué cosas en las tiendas, no hay consejo único que sirva. La mejor opción sigue siendo comparar precios y calidad, aunque sí es posible señalar algunos conceptos generales que pueden ayudar; por ejemplo, ¿cuánto tiempo tardaría en llegar el producto a casa?, ¿qué facilidades de pago se ofrecen?, ¿cómo garantizan la calidad?, y lo más importante, ¿cuándo tiene tiempo usted para ir de compras?

A pesar de los riesgos, el usuario podría salir ganando si hiciera sus compras por Internet. Al encender la computadora y al entrar a Internet, podría mirar productos de todo el mundo para que comparara precios, consiguiera información y una vez que haya decidido su compra, ordenar su entrega para la hora que más le conviniera. Cada día salen nuevos productos y servicios que se podrían conseguir. Desde hacer la compra para la semana, mandar un regalo, pedir un libro, pagar las facturas de la casa, comprar y descargar un programa nuevo para la computadora, hasta planificar las vacaciones sin salir de casa o de la oficina.

También para las empresas, el Internet ofrece una multitud de ventajas sobre la forma tradicional de hacer negocios. ¿Cuáles ventajas? Por ejemplo, que la publicidad llegue a más socios, clientes y países con más facilidad que antes. En muchos casos, que la empresa tenga menos inventario de productos almacenados y que pueda ofrecer un servicio de atención al cliente más rápido y eficaz gracias al correo electrónico.

Es impresionante que el comercio electrónico se haya convertido en una parte integral de la vida moderna, pero es difícil saber cuál será el verdadero impacto de este fenómeno en el futuro. ¿Cómo cambiará nuestra forma de vivir con la evolución del Internet? ¿Qué sucedería si se perdiera la oportunidad de tener contacto directo con otros seres humanos? ¿Cuáles serían las empresas que existirían en el futuro de los negocios virtuales? ¿Dónde se ubicarían los centros comerciales, los supermercados o las librerías dentro de unos años? ¿Cuánta gente tendría más empleo con este tipo de comercio electrónico? ¿Cómo se desarrollarían las economías de los países en vías de desarrollo gracias a las facilidades de comprar y vender virtualmente? Quizá, no tendremos que esperar demasiado para que el tiempo nos dé la respuesta.

Vocabulario

redes sociales 소셜 네트워크
comercio electrónico 전자거래
usuario *m.* 사용자
ratón *m.* 마우스
pasaje aéreo 항공권
anuncio *m.* 광고
firma multinacional 다국적기업
agente de publicidad 광고대행업자
navegador *m.* 내비게이터
buscador *m.* 검색엔진
(=**motor de búsqueda**)
paquetería *f.* 소포, 택배
formulario electrónico 전자 양식
transacción comercial 상거래
en línea 온라인으로
factura *f.* 계산서, 청구서
descargar *v.* (데이터를) 다운로드하다, 내려받다
inventario *m.* 목록
productos almacenados 재고품
servicio de atención al cliente 고객서비스
correo electrónico 전자우편, 이메일
negocio virtual 가상거래

수업시간에 태블릿을 사용하는 학생들

Preguntas para comentar

1. ¿Qué ventajas ofrece el Internet para hacer compras?
2. ¿Para qué sirve tener una página web propia?
3. ¿Cuál es el buscador o motor de búsqueda que más utilizas?, ¿por qué?
4. ¿Es seguro comprar por Internet?
5. ¿Qué productos conviene comprar por ese medio?
6. ¿Cómo ayuda el Internet a las grandes empresas?
7. El sistema de comprar por Internet, ¿podría afectar el empleo de otras personas?

Gramática

▶의문사 (Interrogativos)

❶ quién (quiénes)

¿Quiénes fueron a América antes que Cristóbal Colón?

No me importa dónde estás ni con quién sales, ya me da igual.

¿Quién llegará antes, Julio o Manolo?

No sé de quién me habláis.

Dime quién te lo ha dicho.

La premisa "dime por quién votas y te diré a qué clase social perteneces" es cada vez menos válida, al menos para el ámbito urbano y metropolitano.

❷ qué

¿Qué sucedió el 19 de abril de 1960 en Corea?

"¿Qué es poesía? ¿Y tú me lo preguntas? Poesía... eres tú."

¿A qué viene el Papa a Madrid?

¿Para qué trabajas tanto?

¿Qué cosas deberíamos hacer para mejorar nuestra ciudad?

No estaba muy seguro de qué era lo que quería.
No sabía qué hacer ni adónde ir. Ahora sí, definitivamente no tenía a nadie.

※ qué (profesión) *vs.* quién (identidad)
¿Qué es ese muchacho con el que sales últimamente?
¿Quién es esa mujer, la que está sentada allí?

❸ cuál (cuáles)

Los mejores libros para leer, ¿cuáles son? ¡Hazlos tuyos!
¿Cuáles son nuestras ventajas respecto de los competidores?

※ qué (cosas en general) *vs.* cuál (una cosa de un grupo ya identificado)
¿Qué es telefonía móvil? / ¿Cuál es el teléfono?
¿Qué te apetece? ¿Cerveza, un refresco, vino, agua...?
¿Cuál prefieres, este o aquel?
¿Qué novela quieres leer? / ¿Cuál de estas novelas quieres leer?
Ahí hay tres blusas, ¿cuál crees que te irá mejor?

❹ cuánto (cuánta, cuántos, cuántas)

¿Cuánto vale una docena de huevos en tu barrio?
¿Cuántos años crees que tardará Japón en recuperarse del terremoto?
Nadie puede dar una cifra fiable de cuántas personas hubo en la manifestación.

❺ cuándo

¿Cuándo saldrán las notas?
¿Desde cuándo se celebra el Día Internacional de la Mujer?
¿Sabes cuándo empiezan y hasta cuándo duran las rebajas de Navidad?
No sé cuándo vendrá un Premio Nobel, pero es de esperarse que no tarde mucho más.

❻ dónde

¿Dónde vamos a desayunar? / ¿Adónde vamos a ir a desayunar?

Los viajes en tren pueden durar desde unas pocas horas hasta algunos días, dependiendo de adónde se quiera ir / se vaya.

¿De dónde viene la plata para la campaña electoral?

Nadie sabe por dónde va a ir el camino.

¿En dónde está la guerra, para dónde va la paz?

❼ cómo

¿Cómo sabes si te has vuelto a enamorar?

¿Cómo hacer para que los chicos se fijen en mí?

No me preguntes cómo pasa el tiempo. En el polvo del mundo se pierden ya mis huellas; me alejo sin cesar.

No entiendo cómo es posible que esta gente tenga tan poco espíritu cívico.

❽ qué tal

¿Qué tal te pareció la película?

¿Qué tal está la situación económica en España?

¿Qué tal ha sido el primer día de guardería para vuestros hijos?

Ejercicios

Completa las frases siguientes con la forma adecuada de los interrogativos

1. ¿__________ primos tienes por parte de tu madre?
2. Mi hijo me preguntó __________ era la felicidad.
3. ¿__________ estás viviendo en este momento?
4. Me interesa saber __________ piensa la gente sobre este problema.
5. Hay varias rutas. Necesitamos decidir __________ vamos a tomar.
6. ¿A __________ has llamado, a Pedro o a María?
7. Las dos puertas estaban abiertas, ¿por ________ de ellas habría salido el ladrón?
8. No le dije __________ costaron las cosas realmente.
9. ¿ __________ tal le ha ido el año pasado?
10. No entiendo __________ hay gente que defiende ese estado totalitario.

Diálogo

Marisa: ¿Qué lees con tanta atención?

Rafael: Las noticias de hoy. Encontré una noticia en la página de tecnología que me interesa.

Marisa: ¿De qué se trata?

Rafael: Habla de la creciente inquietud en la red por los continuos problemas en el servicio de mensajería móvil gratuita.

Marisa: Mensajes gratuitos, ¡una maravilla! ¿Cómo podrían ser un problema?

Rafael: Porque la aplicación universal de mensajería por Internet ha aumentado en todo el mundo.

Marisa: ¿Y quién sale perjudicado?

Rafael: Pues, los operadores de telefonía.

Marisa: A ver..., ¿de dónde es la noticia?

Rafael: Es local. Dice que los ingresos por concepto de mensajes han descendido mucho.

Marisa: ¡Claro! Mira, si las tarifas que ofrecieran fueran más baratas, la gente no dependería tanto de los mensajes gratuitos. A veces no entiendo cómo las condiciones de los contratos son tan abusivas.

Rafael: Es cierto, pero gracias a la tecnología estamos comunicados durante las 24 horas del día y eso es muy importante en casos de emergencia.

Marisa: Estoy de acuerdo, pero a veces dependemos demasiado del móvil, ¿no crees?

Rafael: Tal vez, pero ¿quién podría vivir hoy en día sin un aparato de estos?

Marisa: Pues, no sé... ¿Y desde cuándo te interesa tanto este tipo de noticias?

Lección

08 Las mujeres voladoras de Totora

Gerundio

Ficha informativa

Ricardo Carrasco Stuparich (1965) es un fotógrafo chileno, conocido por sus fotografías de paisajes naturales y viajes de América del Sur. Ha colaborado con *National Geographic*, *The New York Times*, *Geomundo* y otras publicaciones internacionales. Totora es capital de la provincia Carrasco, Bolivia, llamada ciudad museo por su original arquitectura colonial y republicana, y destino del destacado fotógrafo en la página de su diario que se nos ofrece en esta lectura.

Ficha gramatical

Junto con el participio y el infinitivo, el gerundio es una de las formas no personales del verbo. Este tipo de forma no personal del verbo expresa anterioridad o simultaneidad y, en ocasiones, una posterioridad inmediata. En español, el verbo en gerundio emplea el sufijo -ando, -iendo o -yendo, y muchas veces va precedido por alguna forma del verbo *estar*. El gerundio compuesto de un determinado verbo se forma con dicho verbo en participio simple, precedido por el verbo *haber* en gerundio.

Lectura

Durante el mes de noviembre, el colonial pueblo de Totora se transforma en una colorida fiesta, donde cientos de personas llevan a cabo la celebración de 'los columpios de San Andrés', quizá, la tradición más original de Bolivia. Una vez al año, los habitantes del poblado se reúnen para despedir las almas de sus difuntos que han bajado desde las montañas y para festejar la juventud de las mujeres que buscan novio preparando gigantescos columpios adornados en las calles. La fiesta se celebra durante varios días cantando, bailando y compartiendo la alegría de todos los presentes.

Dentro del autobús en que viajo me acompañan innumerables campesinas de llamativa y hermosa vestimenta, hablan entre ellas en quechua y aunque puedo distinguir algunas palabras, el paisaje por la ventanilla distrae mi atención. De color amarillo y rojo, las pequeñas casas de barro en las montañas van pasando ante mis ojos evocando paisajes parecidos a mi querido Chile. De repente, mi mente regresa a Bolivia, ya que el camino por donde corre nuestro autobús se está transformando en una bellísima y rústica senda adoquinada, haciendo brincar a los ocupantes de un lado a otro por las piedras del adoquín.

Después de cinco horas, saliendo desde Cochabamba, llegamos con la luz del ocaso a Totora, pequeño poblado conocido por su arquitectura colonial. Al bajarme, camino por una angosta calle donde encuentro sentada en su pequeño almacén a la señora Olimpia Alba. Afortunadamente, domina el español y me saluda diciendo: "Ahora estamos festejando y ha llegado justo para la celebración de los columpios de nuestro San Andrés". Casi sin darme cuenta, me había metido entre las montañas buscando imágenes para mi reportaje y había llegado increíblemente al lugar indicado. ¡Una gran fiesta me estaba esperando! Pero al ver el aspecto del pueblo, tuve que hacerle una pregunta más a la señora Olimpia: ¿qué ha pasado con las casas? "Fue el terremoto de 1998", dijo dejando salir unas lágrimas de sus ojos. Por la expresión de tristeza de su rostro era evidente que no quería seguir hablando del tema. Es el día siguiente, apenas ha salido el sol y ya me encuentro fotografiando en las calles, que rápidamente se llenan de numerosos visitantes llegados desde Cochabamba y de Santa Cruz de la Sierra. Allí conozco a Roberto Arispe, un antropólogo que actualmente está trabajando en un proyecto para conservar la historia del pueblo, y que ha venido a apoyar su reconstrucción. Me saluda amablemente y agrega diciendo: "Totora tiene 485 casas coloniales que, después del terremoto de 6,5 grados en la escala de Richter, resultaron dañadas casi en su totalidad", me explica mirando a su alrededor.

Seguimos hablando y caminando entre numerosos jóvenes con disfraces y, al avanzar un poco, nos encontramos explorando el interior de un precioso patio colonial. Roberto señala comentando, "las casas que hay alrededor de la plaza pertenecieron a los empresarios de la coca, próspero negocio hasta el año 1950". Me despido de mi compañero y subo por un angosto camino que conduce al cementerio, desde donde tengo una buena panorámica del poblado con su antigua arquitectura. A distancia veo grandes varas que sobresalen de los techos. No son los soportes de las casonas, sino los columpios meciendo a los espíritus ancestrales de los totoreños durante todo noviembre, según sus creencias. Cuenta la tradición que el día 2 de noviembre bajan las almas de los muertos desde lo alto de la montaña o *hanacpacha* (cielo o mundo de arriba). Luego, durante todo el mes, se realizan los balanceos en los columpios para ayudar a los espíritus, cansados de vagar en el mundo de los vivos, a regresar a sus moradas celestiales. Para esto, preparan las varas adornándolas con cintas de colores, banderas y papeles brillantes para que las almas se alejen alegres recordando el poblado y a sus descendientes.

Desde las montañas han llegado numerosas mujeres cargando a sus bebés en sus espaldas para ver a las "mujeres voladoras". Como dice Belisario Rioja, un ornitólogo que regresa año tras año para disfrutar de la fiesta, "las mujeres jóvenes y algunas que no han tenido suerte en el amor, se columpian con la creencia y con la certeza de que alcanzando un canasto de flores con los pies encontrarán un novio. Al interior del canasto, los familiares ponen pequeños obsequios que simbolizan la llegada de las lluvias, las buenas cosechas y la fertilidad". Mientras tanto, dos jóvenes robustos y fuertes, los "empujadores", disfrutan empujando y tirando de las dos líneas hechas de cuero, que amarradas al asiento del columpio impulsan fuertemente a las muchachas por el aire, casi haciéndolas tocar el cielo: "¡Flor que flamea, flor que flamea...!", gritan cantando mientras vuelan por el firmamento andino.

El sol cae en Totora y las mujeres quedan satisfechas porque han ayudado a sus difuntos a regresar a la *hanacpacha*. Lentamente los canastos van desapareciendo en las manos de sus felices dueñas, que observan la suerte de sus compañeras o simplemente se pierden en las callejuelas sacudiéndose las serpentinas de colores de la espalda, quizá para encontrarse con sus anhelados pretendientes.

Guardo mi cámara y emprendo el regreso recordando cada uno de los momentos de la inolvidable fiesta que trataré de representar a través de mis fotos, para que el mundo entero sepa que todavía se mantienen vivas estas tradiciones tan bellas.

Ricardo Carrasco Stuparich

Vocabulario

llevar a cabo (무엇을) 실현하다, 시행하다, 완수하다
columpio *m.* 그네
festejar *v.* 축제를 열어 축하하다
distraer *v.* (누구의) 관심(마음)을 딴 데로 돌리다
adoquinado *adj.* 포석으로 포장된, 포석이 깔린
brincar *v.* 껑충껑충 뛰다, 도약하다
ocupante *m. f.* 승객
sin darse cuenta 부지불식간에, 자신도 모르게
dañado *adj.* 피해를 입은, 부서진
sobresalir *v.* 돌출하다, 튀어나오다
casona *f.* 식민지 풍의 대저택
espíritu ancestral 조상의 혼령
balanceo *m.* 요동, 흔들림
morada *f.* 거주지
ornitólogo *m. f.* 조류학자
columpiarse *v.* 그네를 타다
obsequio *m.* 선물
robusto *adj.* 건장한, 튼튼한
impulsar *v.* 밀다, 사주하다, 추진하다
flamear *v.* 불타다, 불길이 일다, 바람에 나부끼다
callejuela *f.* 좁은 뒷골목
sacudirse 흔들다, 뿌리치다, 흔들어 털다
serpentina *f.* (축제나 퍼레이드에서 던지는) 종이 테이프
pretendiente *m. f.* 구혼자, 희망자, 지원자

Preguntas para comentar

1. ¿A qué país pertenece la tradición de 'los columpios de San Andrés'?
2. ¿Cómo se llama el pueblo donde se celebra esta fiesta?
3. ¿De qué nacionalidad es el narrador de esta historia?
4. ¿Cuál es la profesión del narrador?
5. ¿Cuándo es la celebración de 'los columpios de San Andrés'?
6. ¿Qué pasó con el poblado de Totora en el año 1998?
7. ¿A quiénes denominan 'mujeres voladoras' en la fiesta?
8. ¿Qué hacen los 'empujadores' robustos y fuertes con las mujeres voladoras?

Gramática

▶ 현재분사 (El gerundio)

❶ 현재분사의 용법 (Usos del gerundio)

Nunca lo vimos hablando tan seriamente sobre su vida. (simultaneidad)
Se lastimó el tobillo derecho corriendo. (anterioridad)
José juega disfrutando. (función adverbial)

❷ 동사 + 현재분사 = 진행형, 진행 중인 동작

estar + gerundio: El perro estaba durmiendo tranquilamente en el jardín.
encontrarse + gerundio: El 28 por ciento de los encuestados se encuentra buscando un nuevo trabajo.
quedarse + gerundio: Ella se quedó pensando después de hablar con su novio.
ir + gerundio: A medida que va pasando el tiempo, la economía va mejorando.
venir + gerundio: Hace tiempo que vengo observando este fenómeno.
seguir + gerundio: Aunque ya soy viejo, mi alma sigue siendo joven.

llevar + gerundio: Tengo un inquilino que lleva viviendo seis años, pero no me ha pagado el alquiler desde hace tres.
continuar + gerundio: Las lluvias han provocado más de mil damnificados y continúa lloviendo.
andar + gerundio: Rosa anda diciendo que voy a casarme con un divorciado, pero es mentira.

❸ 현재분사 구문

이유: Estando el perro de guardia, tuve miedo.
상태: Lo hizo dándose cuenta de todo.
조건: Aceptándolo el jefe, no hay inconveniente alguno.
양보: Aún siendo tan joven, Bruce Lee tenía una habilidad increíble en el dominio de las artes marciales.
때: Habiendo caminado ya un rato, se encontró con las casas del pueblo, sencillas y coloridas.
설명: Los estudiantes, viviendo lejos, llegaban tarde a la escuela.

Ejercicios

Pónganse las palabras en cursiva en la forma que exija el contexto

1. Juan mataba el tiempo en un café *mirar* pasar a la gente.
2. ¿Por qué será que, aun *saber* la verdad, queremos creer en una mentira?
3. La anciana viene *cobrar* la pensión desde la muerte de su marido.
4. No nos fiamos de ella, pues siempre anda *contar* mentiras.
5. *Y haber* pintado los últimos detalles, dio por terminada su obra.
6. Enrique se quedaba *leer* hasta las altas horas de la madrugada, era su costumbre.
7. Verás que poco a poco irá *mejorar* tu expresión oral.
8. Carmen acaba *enfadarse* porque nadie se acuerda de ella el día de su cumpleaños.

또또라 지역의 그네 타는 여인

Diálogo

Paula: Gabriel, ¿qué estás haciendo aquí? ¿No te vas a casa?

Gabriel: Como sigue lloviendo, prefiero quedarme aquí.

Paula: ¿Y qué escribes?

Gabriel: Pues, estoy escribiendo una carta para la familia que conocí en Bolivia.

Paula: ¿Y por qué no les envías un correo electrónico?

Gabriel: Se trata de una familia que conocí en Totora, una pequeña ciudad que está al este de Cochabamba. La mayoría de las viviendas no tiene computadora ni tampoco dispone de conexión a Internet.

Paula: Bueno, aún no me has contado cómo fue el viaje por América Latina, ¿qué país te gustó más?

Gabriel: Viajando por Bolivia, tuve la suerte de hacer muchos amigos. Acabé enamorándome de sus paisajes, pero sobre todo de su gente.

Paula: El otro día estaba leyendo que no era un país muy visitado por extranjeros.

Gabriel: Es cierto, junto a Paraguay y Venezuela, es el país con menor volumen de turismo internacional de América Latina.

Paula: ¿Y cuál fue tu paisaje favorito? Conociéndote, ¡debes haber tomado cientos de fotos!

Gabriel: Me encantaron las ruinas de Tiwanaku y el Salar de Uyuni, pero el Lago Titicaca me impresionó mucho. Es el lago navegable más alto del mundo.

Lección

09 Nacimiento y conquista del Imperio inca

Participio pasado

Ficha informativa

Los incas fueron un pueblo conquistador. Lograron ocupar una extensión territorial sumamente importante, desde las sierras del sur de la actual Colombia hasta el norte de Chile y de Argentina, y desde la costa del Océano Pacífico hasta el este del valle del río Amazonas, constituyendo así un poderoso imperio, aproximadamente en el año 1430.

Ficha gramatical

El participio pasado denota siempre tiempo pasado y aspecto perfectivo, y sirve para formar los tiempos compuestos de la conjugación regular en español, para conjugar la voz pasiva, para formar oraciones subordinadas absolutas o no, y para calificar a sustantivos.

Lectura

Los incas crearon el imperio más grande de la América precolombina. El Tahuantinsuyo, nombre derivado del quechua que significa "las cuatro regiones unidas", alcanzó su máxima extensión a principios de siglo XVI. Dominaba un territorio que incluía de norte a sur al actual país de Ecuador, parte de Colombia, la mitad norte de Chile, la parte noroeste de Argentina y de oeste a este, desde Bolivia hasta la selva amazónica.

El imperio tuvo su origen en una tribu establecida en Cuzco, convertida luego en la capital. Pachacuti fue el primer gobernante en ampliar considerablemente los límites del estado de Cuzco. Su descendencia gobernó, más tarde, un imperio por medio de la conquista a veces violenta y en ocasiones pacífica.

La ciudad real era Cuzco y ahí se concentraba la administración política y militar del imperio dividido en cuatro partes: Chinchasuyo, Antisuyo, Contisuyo y Collasuyo.

El quechua fue el idioma oficial impuesto a los ciudadanos. Era la lengua de una tribu vecina de la tribu original del imperio. A las poblaciones conquistadas, reinos, estados y ciudades, se les permitió practicar sus religiones y estilos de vida, pero tuvieron que reconocer las prácticas culturales incas como superiores a las suyas. Inti, el dios del sol, sería adorado como uno de los dioses más importantes del imperio. Su representación en la tierra era el Inca "Emperador".

El Tahuantinsuyo organizó sus dominios como una sociedad estratificada, en la que el gobernante máximo era el Inca. También, estaba respaldada por una economía basada en la propiedad colectiva de la tierra. De hecho, el imperio de los incas fue concebido como un proyecto de civilización ambiciosa y audaz sobre la base de un pensamiento mítico, en el cual la armonía de las relaciones entre el ser humano, la naturaleza y los dioses era esencial.

Las grandes dimensiones del imperio obligaron a diseñar un impresionante sistema de transporte de carreteras llamado 'Camino del Inca', que unía todos los puntos del imperio. Los caminos incas estaban compuestos por carreteras y puentes de cuerda o piedra en la región de los Andes. Mediante los chasquis se transmitía la información a cualquier lugar en el imperio del Cuzco. Los chasquis eran corredores ágiles y altamente capacitados que entregaban los mensajes reales y otros objetos a los gobernantes del Imperio inca. Según el cronista Inca Garcilaso de la Vega, los chasquis llevaban pescado fresco desde la costa hasta el palacio del Inca, ubicado en la capital de Cuzco, cubriendo una distancia de 600 km gracias a su velocidad y a su fuerza.

Machu Picchu, nombre derivado del quechua "Pico Viejo", a veces llamada la "Ciudad perdida de los incas", es una ruina precolombina bien conservada y situada en una alta montaña sobre el valle de Urubamba, a unos 70 km al noroeste de Cuzco. La elevación de Machu Picchu es de aproximadamente 2.350 m. Olvidada durante siglos por el mundo exterior, aunque no por la población local, la ciudad fue presentada a la atención internacional por el arqueólogo Hiram Bingham, de la Universidad de Yale, en 1911.

Aunque Machu Picchu es el más conocido a nivel internacional, Perú cuenta con muchos otros sitios donde el visitante puede ver amplias y bien conservadas ruinas, restos del periodo inca y construcciones aún más antiguas. Gran parte de la arquitectura encontrada en estos sitios sigue confundiendo a los arqueólogos. Por ejemplo, en Sacsayhuamán, en Cuzco, las paredes están compuestas de rocas unidas con mucha precisión entre sí en formas angulares. Ningún mortero las une, pero han permanecido absolutamente sólidas a través de los siglos, sobreviviendo a los terremotos que han arrasado muchas de las construcciones coloniales del Cuzco. Los daños a las paredes, visibles hoy en día, fueron causados principalmente durante las batallas entre los españoles y los incas, así como más tarde, en la época colonial. Cuando Cuzco creció, los muros de Sacsayhuamán fueron desmantelados parcialmente, para convertirse en materiales de construcción para los nuevos habitantes de la ciudad. Hoy en día, no solo se desconoce cómo estas piedras tomaron esa forma aplanada, ni cómo los incas las levantaron una encima de otra. Tampoco se sabe cómo llegaron esas piedras hasta el lugar, ya que las piedras utilizadas no son originarias de la zona, y muy probablemente vinieron de las montañas a muchos kilómetros de distancia.

Cuando los españoles desembarcaron en 1531, el territorio del Perú era el núcleo de esta civilización altamente desarrollada. Centrado en el Cuzco, el

Imperio inca se extendía sobre una vasta región, desde el norte de Ecuador hasta el centro de Chile. Francisco Pizarro y otros españoles se sintieron atraídos por la noticia de un reino rico y fabuloso. En 1532, llegaron al país, al que llamaban el Perú (las formas Biru, Piru y Beru también se observan en los primeros años). Según el historiador Raúl Porras Barrenechea, el Perú no es una palabra quechua ni del Caribe, sino indohispana o híbrida.

En ese momento, el Imperio inca estaba preocupado por el reciente periodo de cinco años de guerra civil entre los dos príncipes, Huáscar y Atahualpa. Tomando ventaja de esto, Pizarro llevó a cabo un golpe de Estado. El 16 de noviembre de 1532, mientras que los indígenas estaban en una celebración, los españoles tomaron preso al Inca Atahualpa durante la Batalla de Cajamarca. Durante un tiempo, Pizarro mantuvo la aparente autoridad del Inca, pero el pueblo dejó de creer en Pizarro como Inca por los abusos de los conquistadores. La dominación española enfrentó sucesivas rebeliones indígenas que fueron reprimidas sangrientamente. El 23 de marzo de 1534, Pizarro y los españoles habían refundado la ciudad inca de Cuzco como el inicio de una nueva colonia española.

Vocabulario

extensión *f.* 면적, 범위
gobernante *m. f.* 통치자, 지배자
practicar *v.* 행하다, 실천하다
adorar *v.* 경배하다, 숭배하다
dominio *m.* 지배, 통치, 영토, 세력 범위
estratificar *v.* 층을 이루다, 계층화하다, 위계화하다
respaldar *v.* 보호하다, 원조하다
concebir *v.* (구상이나 감정 등을) 품다, 개념을 형성하다
cubrir *v.* (거리를) 나아가다, 전진하다, 달리다
elevación *f.* 고지, 높은 지대
contar con 가지고 있다, 갖추어 놓다
mortero *m.* 모르타르, 회반죽
arrasar *v.* 부수다, 완파하다
desmantelar *v.* 부수다, 파괴하다, 철거하다
aplanado *adj.* 고른, 편평한, 반반한
desembarcar *v.* 상륙하다, 배에서 내리다
fabuloso *adj.* 경이로운, 믿을 수 없는
llevar a cabo 성사시키다, 집행하다, 실현하다
golpe de Estado 쿠데타, 군란
tomar preso 사로잡다, 체포하다(= **cautivar**)
enfrentar *v.* 직면하다, 마주치다
refundar *v.* 다시 세우다, 재건설하다

아따우알빠 황제의 처형

Preguntas para comentar

1. ¿Qué actuales países comprendía el gran imperio de los incas?
2. ¿Cuál fue la lengua impuesta por el Imperio inca?
3. ¿A quién debían adorar por encima de sus propios dioses los pueblos dominados?
4. ¿Cómo estaba diseñado el "Camino del Inca"?
5. ¿Quiénes eran los chasquis?
6. ¿Machu Picchu fue olvidado por todos?, ¿qué pasó en 1911?
7. ¿De dónde vino el nombre de Perú?
8. ¿Qué aprovecharon los españoles al llegar al Imperio inca?

Gramática

▶과거분사 (Participio pasado)

❶ 복합시제 (haber + p.p.)

No me lo habían dicho nunca mis padres.
María se había puesto el vestido carmesí.

❷ 수동태 (ser + p.p.)

Las catedrales fueron construidas en la Edad Media, por los mejores maestros.
Actualmente, el español es hablado por más de 450 millones de personas.
La novela *El Quijote* fue escrita por Miguel de Cervantes Saavedra.

※ 행위의 결과를 언급할 때는 estar 동사를 사용한다.

La casa está construida en la montaña.
Los soldados estaban atrapados en un callejón sin salida.

❸ 형용사의 기능

(1) 명사를 수식하는 경우

Un soldado herido sueña entre accesos febriles un paraíso deseado.

Las cartas escritas por los enamorados suelen ser románticas.

En 1916, Juan Ramón Jiménez se casa con Zenobia y publica *Diario de un poeta recién casado*.

(2) 주어를 서술하는 경우

Los niños vienen cansados después de pasar el día en el mar.

Mis abuelos pasean acompañados de su perro.

(3) 목적어를 서술하는 경우

Te veo muy cansado y agotado de tanto luchar.

Me alegro de verte muy interesado por mi novela.

Lo vi dormido sobre la taza del baño; en sus manos, su celular.

Ya tengo escritas mis palabras de agradecimiento.

Deja la puerta abierta y una luz encendida.

❹ 명사의 기능

Dice la Escritura: "Las casadas estén sujetas a sus propios maridos, como al Señor".

La protección de los enfermos y los heridos en los conflictos armados fue el principio fundamental del Primer Convenio de Ginebra, firmado en 1864.

※ 이미 명사화된 경우: comida, bebida, salida, entrada, vestido, pasado, querido, etc.

❺ 과거분사 구문

때: Terminada la Guerra Civil, Franco impuso en toda España un régimen de nuevo cuño, inicialmente alineado con los fascismos de Hitler y Mussolini.

이유: Terminado el examen, los estudiantes se alegran charlando.

상태: La casa, puertas y ventanas cerradas, parecía abandonada.

가정: Una vez decidida la opción, olvida por completo otra posibilidad.

양보: Escrita en poco tiempo, la narrativa es impecable.

잉까 제국의 수도였던 꾸스꼬 전경

Ejercicios

Pónganse las palabras en cursiva en la forma que exija el contexto

1. Y una vez *escribir* la carta, la echamos al correo.
2. Se lo he *decir* muchas veces, pero nunca me hace caso.
3. *Terminar* la reunión virtual, se ofrecerá una rueda de prensa conjunta.
4. Ya han *poner* la decoración navideña en las calles.
5. El cliente *satisfacer* es una inversión para el futuro.
6. En 1478, quedó *imprimir* en Valencia una edición completa de la Biblia.
7. Certifico que la información *incluir* en esta solicitud es correcta.
8. Mi profesor llevaba la cabeza *cubrir* con un amplio sombrero de copa.

Diálogo

Nuria: ¿Cómo estás? No tienes buena cara.

Eva: Estoy cansada, casi muerta... ¡He caminado como nunca!

Nuria: ¿Qué hiciste el fin de semana?

Eva: Fuimos a una exposición sobre culturas prehispánicas. Obras de arte inca, maya y azteca ¡nunca antes vistas en nuestra ciudad! Después, Raúl me llevó por un andador poco transitado que era una belleza..., y que sumaron tres horas más de recorrido...

Nuria: Qué fin de semana tan movido, ¿no? ¿Te gustó la exposición?

Eva: Sí, ya sabes que este tipo de eventos me llama mucho la atención. Además, las culturas precolombinas son muy estudiadas y valoradas en nuestra carrera.

Nuria: Nunca he acudido a ese tipo de exposiciones... Prefiero el cine, el teatro, las modas...

Eva: Un día iremos juntas o..., ¡mejor invita a tu novio! Había piezas y obras de arte muy interesantes, también había varias momias encontradas en Los Andes y otros restos hallados en yacimientos de Mesoamérica.

Nuria: ¿Desde dónde trajeron las piezas? ¡Debió haber costado una fortuna!

Eva: Todas las piezas fueron prestadas tanto por museos como por colecciones privadas de Guatemala, Perú y México.

Nuria: Si tengo tiempo el próximo fin de semana, iré con Carlos.

Eva: Ya verás cuánto les gustará.

Nuria: ¿Vamos a tomar un café? Creo que la cafetería de ahí aún está abierta.

Lección

10 La soga convertida en serpiente

Infinitivo

Ficha informativa

Silvina Ocampo (Buenos Aires, 1903-1993) es autora de cuentos fantásticos en los que se invierten las relaciones de autoridad entre los hombres y las cosas, como en *La soga*, donde somos testigos de la metamorfosis de un objeto.

Ficha gramatical

El infinitivo en español es una forma verbal no finita que funciona como un sustantivo; generalmente no distingue persona, número ni tiempo. Es una forma apta para expresar la idea de una acción como noción general, sin especificar las circunstancias de su realización particular.

Lectura

A Antoñito López le gustaban los juegos peligrosos: subir por la escalera del tanque de agua, tirarse por el amplio tragaluz del techo de la casa, encender papeles en la chimenea. Estos juegos lo entretuvieron hasta que descubrió la soga, la gruesa cuerda vieja que servía antes para atar los baúles, para subir los cubos de agua desde el fondo del pozo y, en definitiva, para hacer cualquier cosa; sí, los juegos lo entretuvieron hasta antes de caer la soga en sus manos.

Todo un año, de su vida de siete años, Antoñito había esperado que le dieran la soga; ahora podía hacer con ella lo que quisiera.

Antoñito tenía ya su listado de tareas a cumplir: primeramente, hacer una hamaca colgada de un árbol para mecerse por las tardes durante la siesta, luego, diseñar con la soga un arnés para el caballo de madera que le regalaron en Navidad, después, usarla como una liana para bajar de los árboles como Tarzán, después preparar con ella un salvavidas para el perro, después colgarla como una horca para los reos, después tender un pasamanos que cruzara el estanque, finalmente hacer una serpiente. Su última tarea fue la más fascinante para Antoñito.

Tirándola con fuerza hacia delante, la soga se retorcía y se volvía con la cabeza hacia atrás con violencia, como preparada para morder. A veces, la soga subía detrás de Toñito las escaleras, trepaba a los árboles, se enredaba en círculo en las bancas. Toñito siempre procuraba evitar que la soga lo tocara; era parte del juego. Yo lo vi llamar a la soga, como quien llama a un perro, y la soga se le acercaba, a regañadientes al principio, luego, poco a poco, más obediente.

Antoñito lanzaba la soga y le daba aquel movimiento de serpiente maligna y retorcida con tanta maestría que los dos hubieran podido trabajar en un circo. Nadie le decía: "Toñito, no juegues con la soga", de manera que su juguete preferido se convirtió en su mejor amiga.

La soga parecía tranquila cuando dormía sobre la mesa o en el suelo. Nadie la hubiera creído capaz de ahorcar a nadie. Con el tiempo se volvió más flexible y oscura, casi verde y, por último, un poco viscosa y desagradable, en mi opinión. El gato no se le acercaba y a veces, por las mañanas, se podían ver sapos descansando entre sus nudos. Habitualmente, Toñito la acariciaba antes de echarla al aire, como los discóbolos o lanzadores de jabalinas, ya no necesitaba prestar atención a sus movimientos: sola, se hubiera dicho, la soga saltaba de sus manos para lanzarse hacia delante, para retorcerse mejor.

Si alguien le pedía:

—Toñito, préstame la soga.

El niño invariablemente contestaba:

—No.

Pero la soga no jugaba solamente con Antoñito. Cuando se iba a la escuela, la soga se dedicaba a esperar su regreso, descansando tranquilamente enrollada en algún rincón del jardín. Y cuando otros niños la encontraban, se dejaba brincar y bailaba con alegría. La soga aprendía a disfrutar la vida.

Yo empecé a notar que a la soga ya le había salido una lengua pequeña en el sitio de su cabeza, que era un poco aplastada, le había crecido la barba, su cola tenía abiertos sus hilos y parecía de dragón. Parecía tener personalidad propia. Cierto día, Toñito quiso ahorcar un gato con la soga. La soga se rehusó. Era una soga buena.

¿Una soga, de qué se alimenta? ¡Hay tantas en el mundo! En los barcos, en las casas, en las tiendas, en los museos, en todas partes... Toñito decidió que era herbívora; le dio de comer pasto y le dio agua.

La bautizó con el nombre Prímula. Cuando lanzaba la soga, a cada movimiento decía: "Prímula, vamos Prímula". Y Prímula aprendió a obedecer. Toñito tomó la costumbre de dormir con Prímula en la cama, con la precaución de colocarle la cabecita sobre la almohada y la cola bien abajo, entre las cobijas.

Una tarde de diciembre, el sol brillaba en el horizonte como una bola de fuego, de modo que todo el mundo lo miraba comparándolo con la luna, hasta el mismo Toñito, cuando lanzaba la soga. Aquella vez, la soga volvió hacia atrás con la energía de siempre, pero Toñito no retrocedió. La cabeza de Prímula le golpeó el pecho y le clavó la lengua a través de la camisa.

Así murió Toñito. Yo lo vi, tendido, con los ojos abiertos.

La soga, con el flequillo despeinado, enroscada junto a él, lo velaba. Ver para creer.

De *La soga*

Vocabulario

tirarse *v.* (어디에) 몸을 던지다, 뛰어들다
tragaluz *m.* (천장에 낸) 채광창
baúl *m.* 여행가방, 트렁크
arnés *m.* 갑옷, 마구(馬具)
liana *f.* 칡
salvavidas *m.* 구명조끼
horca *f.* 올가미, 교수대
reo *m. f.* 죄수, 범인
pasamanos *m.* (난간의) 가느다란 손잡이
trepar *v.* 기어오르다
enredarse *v.* 뒤엉키다, 휘감기다
banca *f.* (등이 없는 낮은 탁자 식의) 나무 벤치
a regañadientes 마지못해, 마음이 내키지 않아, 기분이 나빠
retorcido *adj.* 꼬인, 비틀린
viscoso *adj.* 끈적끈적한
discóbolo *m. f.* 원반던지기 선수
lanzador de jabalinas 창던지기 선수
prestar atención a 주의를 기울이다, 주목하다
invariablemente *adv.* 변함없이, 언제나
enrollado *adj.* 둥글게 만, 똬리를 튼 (= **enroscado**)
brincar *v.* 껑충껑충 뛰다, 도약하다
aplastar *v.* 납작하게 하다, 짓이기다
rehusar *v.* 거절하다, 받아들이지 않다
herbívoro *adj.* 초식성의
precaución *f.* 조심, 주의, 신중
cobija *f.* 덮개, 담요, 침대 커버
flequillo *m.* (이마에 늘어뜨린) 앞머리
ver para creer 백문이 불여일견

Preguntas para comentar

1. ¿Cómo se describe a Antoñito López al iniciar el cuento?
2. ¿Para qué le sirve la soga antes de hacer una serpiente con ella?
3. ¿Qué palabras nos anuncian que la soga puede ser peligrosa?
4. ¿Cuáles son las primeras señales de vida propia de la soga?
5. ¿Qué características físicas adopta la soga en su metamorfosis?
6. ¿Quién es el primero que ve y se da cuenta de esos cambios físicos de la soga?
7. ¿Por qué la soga puede matar al niño protagonista al final del cuento?

Gramática

▶부정사(不定詞)의 용법 (Usos del infinitivo)

❶ 명사적 용법

Aprender es mucho más que estudiar.
Para no decepcionarte, lo mejor es no esperar nada de nadie.
Quisiera ver una película de amor para llorar.
Es fácil abrir esa puerta. / Esa puerta es fácil de abrir.
Es imposible ganar esta guerra. / Esta guerra es imposible de ganar.

※ hacer, dejar + objeto directo de persona
Mi padre lo dejó hablar hasta que se cansó.

※ permitir, aconsejar, impedir, prohibir, recomendar, rogar + objeto indirecto de persona
Te prohíbo rotundamente volver a salir al bosque y a cualquier lugar sin mi permiso.

※ verbos de percepción + objeto directo de persona
La primera vez que la oí cantar con su madre en un club, el impacto fue muy grande.

❷ 형용사적 용법 (관계사 + inf.)

Hoy no tengo nada que hacer más que ver la televisión.
Hay tanta gente que no tiene casa donde vivir.
Hay muchas cosas por las cuales vivir.
Carlos dice que hay muchas circunstancias y elementos que valorar para decidir su futuro.

❸ 부사적 용법 (전치사 + inf.)

이유, 원인

De tanto hacer ejercicio se ha puesto muy delgado.
Tuvo un accidente por ir conduciendo demasiado rápido.

상태

Con llorar no consigues nada.
No creas que lo hizo sin darse cuenta

시점

Sin caminante no hay camino, y se hace el camino al andar.
Nokia se desploma en la bolsa tras anunciar pérdidas en el primer semestre.

양보

A pesar de ser muy joven, tiene muy claro cómo quiere vivir su vida.
Sin estudiar mucho, aprobó el examen.

목적

He aquí diez maneras que usted puede seguir para ahorrar dinero.

조건

De haberte conocido antes, todo habría sido diferente.
(= Si yo te hubiera conocido antes, todo habría sido diferente.)

❹ 명령형의 대용

¡A trabajar! = Trabajad.
¡A callar! = No discutáis.

❺ 감탄문 (부정사로 시작)

¿Casarme contigo? ¡Jamás!
¿Perder el Clásico? ¡No puede ser!

Ejercicios

Tradúzcanse al coreano las siguientes oraciones

1. Al verme se sonrió con una gran mueca de satisfacción.
2. Le doy mil gracias por haber venido.
3. Todavía nos queda mucho camino por andar.
4. Tras anunciar su dimisión, volvió a su pueblo.
5. Mis alumnos no tenían ni papel en que escribir.
6. Te extraño mucho, pero no sé cómo decírtelo.
7. Dime por dónde empezar a buscarte.
8. No es de sorprender que hoy la sociedad no confíe en el gobierno.
9. Si alguien lleva muy buen bachillerato, puede aprobar la selectividad sin estudiar demasiado.

Diálogo

Nerea: ¿No viene Miguel?

Pilar: No, he venido sola. Necesitaba estar sola para pensar un poco.

Nerea: ¿Qué te pasa? ¿Tenéis algún problema?

Pilar: Tengo algo que contarte. Últimamente, las cosas con Miguel no van muy bien.

Nerea: ¿Habéis discutido?

Pilar: No, y creo que ese es el problema. Apenas hablamos.

Nerea: Es importante hablar cara a cara para solucionar los problemas.

Pilar: Para serte sincera, ya no confío en él. Hace cosas que antes no solía hacer.

Nerea: ¿Qué quieres decir? ¿Que te engaña?

Pilar: No, bueno..., no lo sé. Pero a veces me da la sensación de que me evita.

Nerea: Lo mejor es confiar en tu pareja, así que no saques conclusiones antes de tiempo.

Pilar: Por ejemplo, ayer prometió venir a la cena de mi empresa y no apareció. Y de repente, todos los días hace deporte para no engordar.

Nerea: Está bien que se quiera mantener en forma. Eso no significa nada. Yo solo te puedo aconsejar que hables con él para preguntarle directamente qué le pasa. La confianza es lo más importante en una relación.

Pilar: Perdón por molestarte con mis problemas.

Nerea: Ni hablar. No te preocupes. ¿Para qué son las amigas?

중급 스페인어 2

Lección

11

La quinceañera, una tradición que ha cruzado las fronteras

Oraciones de relativo I

Ficha informativa

La quinceañera es el nombre con que se conoce la fiesta de quince años de una jovencita latinoamericana. Esta costumbre festiva y religiosa tiene raíces precolombinas (antes de la llegada de los españoles) y permanece hasta nuestros días. Las niñas esperan con ansia esta fecha y los padres ahorran para preparar la mejor fiesta posible. Es una bella tradición que se ha extendido y consolidado con el paso de los años.

Ficha gramatical

Los relativos —que, quien, cual, cuyo, cuanto, cuando, como, donde— insertan una oración en la principal y tienen un antecedente expreso o implícito. El pronombre 'que' es el más usual porque se refiere a personas y a cosas, ya sea como sujeto o complemento en el enunciado. 'El que', 'los que', 'la que', 'las que' se refieren a un nombre ya mencionado y se usan para evitar la repetición del sustantivo.

Lectura

La celebración de los quince años de una joven latinoamericana, la cual se conoce como 'quinceañera', tiene varios orígenes; el más probable viene desde las grandes culturas precolombinas, azteca y maya de México. Concretamente, de ciertos ritos que se realizaban al llegar a la adolescencia para indicar la entrada a la vida adulta y la aceptación de responsabilidades por parte de las mujeres. En estas culturas, a la edad de quince años, las jóvenes salían de la familia para ingresar a la escuela *telpochcalli*. En esta escuela aprendían historia, las tradiciones de su cultura y se preparaban para el matrimonio. Luego, las que habían cumplido con sus estudios, regresaban a la comunidad donde eran recibidas con su fiesta de quinceañeras.

Fray Bernardino de Sahagún, quien escribió con ayuda de los sabios mexicas la *Historia general de las cosas de la Nueva España*, registró que cuando una niña "había llegado a los años de la discreción", en un rito solemne y familiar, su padre y su madre le explicaban que se había convertido en mujer y le decían cuáles serían sus obligaciones a partir de ese momento. Los españoles, que eran católicos, incluyeron en la tradición indígena la misa. Y en el siglo XIX, el emperador Maximiliano y su esposa Carlota introdujeron el vals y los vestidos amplios estilo princesa.

Actualmente, la fiesta de quinceañera no es exclusiva de México. Se ha extendido por toda América Latina y constituye un gran evento religioso y social al cual se invita a toda la familia y a los amigos. En ese día, la quinceañera luce un vestido muy elegante y una corona que le regala la mamá, y es el papá quien le regala los zapatos de tacones que usará por primera vez en su vida.

La tradición establecía que las quinceañeras celebraran su fiesta luciendo un vestido de color rosa o colores pastel (tonos suaves), pero "las chicas de ahora quieren algunos cambios y en lugar del clásico vestido rosa, de pronto buscan uno blanco o de otros colores", afirma Nélida García, una hondureña que trabaja en una tienda especializada para quinceañeras.

La celebración empieza en la iglesia, a la cual llegan todos los invitados, sean católicos o no. Después de la misa, con los ritmos del vals inicia la gran fiesta con que se celebra a la joven por su entrada a la etapa de madurez. Luego de bailar con el papá, la quinceañera baila con sus damas y con los muchachos invitados a quienes ha escogido entre los miembros de su familia y entre sus amigos o compañeros de la escuela. La fiesta se prolonga durante varias horas de baile y alegría.

Esta es la celebración latinoamericana que se ha hecho más popular en los Estados Unidos, la cual se ha combinado con la costumbre estadounidense de los *Sweet Sixteen*, que festejaba el decimosexto aniversario de la joven, también con el sentido de su presentación en sociedad. La costumbre de la quinceañera que se conoce ahora en la nación norteamericana empezó alrededor de 1930, con las inmigraciones de mexicanos, y ha ido adquiriendo cada vez mayor importancia entre las familias migrantes latinoamericanas y sus descendientes. En una comunidad multicultural, pocas manifestaciones son las que dan coherencia a los latinos. Hoy en día, cada vez se celebra más esta fiesta y las niñas de las familias hispanas tienen la ilusión de que tendrán su gran ceremonia cuando lleguen a ser quinceañeras, con lo cual se ha abierto un importante mercado para esta tradición que se ha transformado poco a poco en una nueva industria cultural.

"Hay muchas celebraciones de quinceañeras", afirma Oscar Cañas, un salvadoreño que dirige una tienda en Los Ángeles, en la que se puede contratar tanto la música que animará la fiesta, como los vestidos que lucirán la quinceañera y sus damas. "Yo animo estas fiestas, pongo la música, hago de anunciador. Las adolescentes solo quieren que ponga música de reguetón (*reggaeton*) y bachata, pero yo también pongo algunas secciones de música más viejita porque también los mayores están en la fiesta y tienen derecho a bailar ¿no?", dice Cañas.

Desde hace algunos años, en importantes ciudades del mundo hispano y en otras de Estados Unidos y Canadá se realiza la 'Expo Quinceañera', en donde se puede encontrar una gran variedad de empresas especializadas que ofrecen todo para la organización de la fiesta. En un reconocido hotel de la ciudad de Montebello, en el Condado de Los Ángeles, California, la compañía 'Quinceanera.com' organiza anualmente una magna exposición que recibe cerca de 3 mil personas interesadas, para quienes se prepara un salón especial para la ocasión.

Las empresas participantes se distribuyen en 60 módulos donde presentan sus productos y servicios. Los visitantes y futuros clientes, además de recibir información de interés, disfrutan de la música y de las degustaciones de comida y aperitivos que se ofrecen de manera gratuita. Finalmente, pueden apreciar el desfile de modas con más de 20 originales vestidos para la quinceañera, sus damas y hasta para sus mamás.

Carlos López, gerente del hotel donde se lleva a cabo la exposición, destacó que este tipo de eventos cubre una gran demanda en el mercado latino, pues según su experiencia, "a pesar de la crisis, la celebración de la quinceañera es una tradición que cada vez tiene más importancia". Durante los últimos 4 o 5 años, "las fiestas de quinceañeras han aumentado hasta situarse en un 50 por ciento del total de las fiestas que se realizan en los salones de este hotel, son eventos muy populares y a pesar de la crisis la gente quiere seguir celebrándolos", afirmó López en conferencia de prensa.

El mercado hispano es muy grande en los Estados Unidos, en particular, el mercado de la quinceañera significa muchos millones de dólares, lo cual se ve reflejado si buscamos con este propósito en Internet. La joven puede escoger entre una fiesta en un salón, en un restaurante, en un hotel, en un parque público, en un crucero al que puede ir toda su familia, en Las Vegas o en Disneyland donde puede bailar con los príncipes de los cuentos.

El festejo de los quince años cruzó la frontera con los migrantes y en Estados Unidos se ha enriquecido transformándose en la fiesta de quinceañera de las latinas, una tradición que les da identidad; de la misma manera, esta celebración regresa a México y a otros países de América Latina modificando y fortaleciendo esta costumbre ya común en todo el mundo hispanohablante.

Vocabulario

rito *m.* 의식, 의례

solemne *adj.* 엄숙한, 장엄한

vals *m.* 왈츠, 왈츠곡

lucir *v.* 선보이다, 뽐내다, 드러내 보이다

zapatos de tacones 하이힐

festejar *v.* (축제를 열어) 축하하다

coherencia *f.* 결속, 응집, 일관성

contratar *v.* 계약하다

reguetón *m.* 레게음악

bachata *f.* 도미니카식 춤곡

módulo *m.* 부스(*booth*), 모듈, 치수

degustación *f.* 시식, 시음

desfile *m.* 행신, 퍼레이드

gerente *m.* 지배인, 관리책임자

propósito *m.* 의도, 목적

Preguntas para comentar

1. ¿Dónde tiene su origen la fiesta de quinceañera?
2. ¿Por qué se celebraba en las culturas precolombinas?
3. ¿La fiesta de quinceañera es exclusiva de México?
4. ¿Qué le regalan sus papás a la joven que cumple 15 años?
5. ¿Cuáles son las partes de que consta, tradicionalmente, la fiesta de quinceañera?
6. ¿Cómo llegó esta tradición a los Estados Unidos?
7. ¿Qué es la 'Expo Quinceañera'?

Gramática

▶관계사 구문 (Oraciones de relativo) I

❶ 제한적 용법과 설명적 용법

Especificativa: Sus hijos que viven lejos llegaron tarde.
Explicativa: Sus hijos, que viven lejos, llegaron tarde.

❷ que

La chica que escribió esta novela vino a verme.
La chica que te presenté ayer es la novia de mi primo Daniel.

El cuadro que está sobre la mesa es el mío.
El cuadro que pinté pensando en ti está en el desván de la casa de mis padres.
Su hijo, que está en EE.UU., va a venir a Corea durante las vacaciones de la fiesta de gracias.

❸ quien

Mi cuñado, a quien te presenté ayer, es diplomático y trabaja en la embajada coreana en Dinamarca.

❹ preposiciones + relativos

La mesa (a la cual / a la que) pusiste una cuña se ha roto.
La finca (a la cual / a la que) está pegado el establo, está en alquiler desde hace meses.

Esta es la casa (en la cual, en la que / en que / donde) pasaba las vacaciones de verano.
La casa, (en la cual, en la que / donde) vivía, está en venta.
La masía, (en la cual, en la que / donde) vivían mis abuelos, necesita una reforma.

Mis hermanos son las personas (en las cuales / en las que / en quienes) confío plenamente.
Este amigo, (en el cual / en el que / en quien) confiaba, me ha traicionado.

Encontré el libro (del cual / del que) el profesor había sacado aquel párrafo.
Esta casa, (de la cual / de la que) guardo tan mal recuerdo, se ha vendido por fin.

El autor (del que / de quien / del cual) me hablaste lo conocí ayer.
Ayer conocí al productor de cine (del que / de quien / del cual) me hablaste el otro día.
El autor, (del que / de quien / del cual) has leído tantos libros, acaba de publicar otra novela.
Este es el chico (con el cual / con el que / con quien) salgo.
El vecino, (con el cual / con el que / con quien) solía jugar de niño, se ha casado con mi hermana.
Déjame un bolígrafo (con el cual / con el que / con que) pueda anotar tu número de teléfono.
La escopeta, (con la cual / con la que) luchó mi bisabuelo en la guerra de Cuba, está guardada en nuestra casa.

Composición

1. 지금 내가 신고 있는 하이힐은 대학에 들어온 기념으로 아빠가 사준 것이다.
2. 방금 네가 인사한 사람은 너의 학과에 새로 오신 교수님이니?
3. 우리 가족이 올 여름 휴가를 보낸 곳이 안타깝게도 태풍에 휩쓸려 버렸다.
4. 바로 이 창문이 어젯밤 도둑이 침입한 곳이다.
5. 우리 반 학생들 모두 초대받은 마리아의 생일 파티에서 그녀는 화려한 옷을 선보였다.
6. 이것이 바로 내가 그들의 요청을 거절한 진짜 이유이다.
7. 60회 생일을 특별하게 축하하는 전통은 동아시아의 모든 나라에 퍼져 있다.

Diálogo

Mina: ¿Cómo van los preparativos de la fiesta de quinceañera de tu prima María?

Rosa: ¡Genial! Está casi todo listo, solo quedan algunos retoques que se harán el mismo día.

Mina: También van a venir vuestros tíos, los que viven en los Estados Unidos, ¿verdad?

Rosa: Sí, ¡qué ilusión! Hace muchísimo que no los veo.

Mina: Y cuéntame, ¿dónde va a tener lugar la celebración?

Rosa: En un hotel que está a las afueras de la ciudad. Es ideal. Dispone de un jardín hermoso con un lago romántico.

Mina: Parece que va a ser una celebración por todo lo alto... No sabía que este evento tuviera tanta importancia en vuestra cultura.

Rosa: Pues sí. Se trata de un rito de paso. La quinceañera que era considerada una niña hasta los catorce años, se presenta en sociedad como una mujer.

Mina: ¿Y qué parte de la celebración te gusta más?

Rosa: A mí me encanta la parte en la que la quinceañera se cambia de zapatos. Cambia sus zapatos planos por unos de tacón.

Mina: ¡Qué interesante! ¿Y cuánto dinero se suele gastar en una celebración de este tipo?

Rosa: Eso depende de cada fiesta, pero el gasto promedio es entre unos 15 y 18 mil dólares.

Mina: ¡Madre mía! Mucho más de lo que imaginaba. Espero que se lo pasen de maravilla.

Rosa: Muchas gracias, ya te enseñaré las fotos.

Lección

12 El amor adolescente

Oraciones de relativo II

Ficha informativa

Jorge Isaacs (Colombia, 1837-1895) escribió *María*, la más famosa novela romántica hispanoamericana del siglo XIX. Su obra está llena de sensibilidad y de lirismo, y el paisaje tiene especial importancia porque ayuda a expresar los sentimientos de los personajes.

Ficha gramatical

Los relativos nunca se acentúan ortográficamente y se pueden clasificar en tres tipos por su función más común: 'que', 'quien', '(el / la) cual', '(el / la / lo) que' realizan funciones propias del sustantivo; 'cuanto' y 'cuyo', funcionan como adjetivos; y 'donde', 'cuando', 'como' cumplen la función del adverbio. Sin embargo, el relativo 'que' puede realizar los tres tipos de función, de ahí que sea el más usual en español. En cambio, el relativo 'cuyo' es el menos usado en el español actual.

Lectura

Era yo niño aún cuando me alejaron de la casa paterna para que diera principio a mis estudios en el colegio del doctor Lorenzo María Lleras, quien se había establecido en Bogotá hacía pocos años y que era ya famoso en toda la República por aquel tiempo.

En la noche anterior a mi viaje, después de la velada, entró a mi cuarto una de mis hermanas, la que más me quería, y sin decirme una sola palabra porque los sollozos le embargaban la voz, cortó de mi cabeza unos cabellos; cuando salió, habían rodado por mi cuello algunas lágrimas suyas.

Me dormí llorando y experimenté como un vago presentimiento de los muchos pesares que debía sufrir después. Esos cabellos quitados a una cabeza infantil, aquella precaución del amor contra la muerte delante de tanta vida, hicieron que durante el sueño vagase mi alma por todos los sitios donde había pasado, sin comprenderlo, las horas más felices de mi existencia.

A la mañana siguiente mi padre desató de mi cabeza los brazos de mi madre, quien no dejaba de abrazarme. Mis hermanas me dieron sus adioses con besos. María esperó humildemente su turno, y balbuciendo su despedida, juntó su mejilla sonrosada a la mía, helada por la primera sensación de dolor.

Pocos momentos después seguí a mi padre, el cual ocultaba el rostro a mis miradas. Las pisadas de nuestros caballos en el sendero ahogaban mis últimos sollozos, los que habría de recordar por siempre. Dábamos ya la vuelta a una de las colinas de la vereda en las que solían divisarse desde la casa algunos viajeros; volví la vista hacia ella buscando uno de tantos seres queridos: María estaba bajo las enredaderas donde se abrían las ventanas de la recámara de mi madre.

Pasados seis años, los últimos días de agosto me recibieron al regresar a mi nativo valle. Era ya la última jornada del viaje, ¡cuánto gozaba yo de la más perfumada mañana del verano! El cielo tenía un color azul pálido. Hacia el oriente y sobre las altísimas montañas, vagaban algunas nubecillas de oro. Hacia el sur flotaban las nieblas que durante la noche habían ocultado los montes lejanos. Cruzaba planicies verdes regadas por riachuelos cuyo paso me impedían hermosas vacadas, que se internaban en las lagunas o en sendas de árboles frondosos. Mis ojos se habían fijado con ansia en aquellos sitios medio ocultos al viajero por los viejos árboles, en aquellos cortijos donde había dejado tantos amigos y amigas. ¡Qué gratos perfumes aspiraba, y el canto de aquellas aves sin nombre llenaba con dulces armonías mi corazón!

Estaba mudo ante tanta belleza, cuyo recuerdo había creído conservar en la memoria. Cuando en un salón de baile, inundado de luz, lleno de melodías y de aromas encontramos a aquella con quien hemos soñado a los dieciocho años, entonces caemos en un éxtasis celestial. Su mirada fugitiva quema nuestra frente y su voz hace enmudecer por un instante cualquier otra voz para nosotros. Nuestra voz se vuelve impotente, nuestros oídos no escuchan ya la suya, nuestras miradas no pueden seguirla. Pero cuando, horas después, ella vuelve a nuestra memoria, nuestros labios murmuran su alabanza, y es esa mujer, es su voz, es su mirada, es su leve paso sobre las alfombras, lo que parece aquel canto de las aves sin nombre, que acabo de escuchar. De esta manera es como hacen enmudecer el cielo, los horizontes, las pampas y las cumbres del Cauca al que los contempla. Las grandes bellezas de la creación no pueden ser vistas y cantadas al mismo tiempo, es necesario que vuelvan al alma empalidecidas por la memoria infiel.

Antes de ponerse el sol, ya había visto yo la casa de mis padres que está sobre la falda de la montaña. Al acercarme a ella, contaba con la mirada ansiosa los sauces y naranjos, a través de los cuales vi cruzar poco después las luces de las habitaciones.

Respiraba al fin aquel olor nunca olvidado del huerto que me vio nacer. Las herraduras de mi caballo chocaron con las piedras del patio. Oí un grito indefinible: era la voz de mi madre. Me estrechó en sus brazos y me acercó a su pecho con gran emoción, ¡cómo podría explicar las emociones que se cruzaron en mi corazón en ese momento!

Cuando traté de reconocer en las mujeres que veía, a las hermanas que dejé niñas, María estaba de pie junto a mí, y sus grandes ojos de largas pestañas me esperaban. Fue su rostro el que se cubrió de más notable rubor cuando mi brazo tocó sus hombros y rozó su talle; sus ojos estaban humedecidos aun al sonreír a mi primera expresión afectuosa, como los de un niño cuyo llanto ha acallado una caricia materna.

A las ocho fuimos al comedor que estaba situado en la parte oriental de la casa. Desde ahí se veían las montañas sobre el fondo estrellado del cielo. El viento dejaba oír por instantes el rumor del río. Aquella naturaleza parecía mostrar toda la hermosura de sus noches, como para recibir a un huésped amigo.

De *María*

Vocabulario

velada *f.* 밤샘
sollozo *m.* 흐느낌
embargar *v.* 방해하다, 마비시키다
rodar *v.* 구르다
pesar *m.* 슬픔, 고통, 괴로움
precaución *f.* 조심, 주의
balbucear *v.* 말을 더듬다
vereda *f.* 좁은 산길
divisarse *v.* 희미하게 보이다
enredadera *f.* 넝쿨
recámara *f.* 작은 방
planicie *f.* 평원, 평야
regar *v.* 물을 주다
riachuelo *m.* 개천
vacada *f.* 소 떼
internarse *v.* 안쪽으로 들어가다
senda *f.* 좁은 길, 샛길
frondoso *adj.* 잎이 무성한
cortijo *m.* 집에 딸린 농장
fugitivo *adj.* 도주하는, 금방 사라지는
alabanza *f.* 칭찬, 상찬
empalidecido *adj.* 창백해진
sauce *m.* 버드나무, 수양나무
pestaña *f.* 속눈썹
herradura *f.* 말발굽
talle *m.* (의복의) 허리
huésped, da *m.f.* 하숙인, 숙박하는 사람

Preguntas para comentar

1. ¿Por qué está tan triste toda la familia?
2. ¿Qué hizo la hermana del narrador, la que más lo quería?
3. ¿Cuál era el tipo de transporte usual en ese tiempo?
4. ¿Cuántos años pasa estudiando en Bogotá?
5. ¿Qué le impresiona más en el camino de regreso a su casa?
6. ¿Con qué relaciona el hermoso canto de los pájaros?
7. ¿Quién es la primera que lo recibe en su casa?
8. ¿María es hermana del protagonista que nos cuenta su historia?

Gramática

▶관계사 구문 (Oraciones de relativo) II

❶ quien

(Quien / El que) apueste por el Real Madrid en el partido final de la Liga, tendrá posibilidades de ganar el premio.

Pregunta a Marcos, es (quien / el que) saca las mejores notas en clase.

(Quien / El que) lo sabe mejor es este hombre.

(Quienes / Los que) lo han visto dicen que es una maravilla.

❷ lo que

Lo que te dije ayer era mentira.

La entrada del teatro es mucho más cara de lo que imaginaba.

Dame todo lo que (= cuanto) tienes.

Haré lo que pueda.

Haré todo lo que esté en mis manos.

❸ lo que, lo cual

José no está en la oficina, lo cual quiere decir que está en casa.

Esta mañana, José ha venido tarde a la oficina, lo que significa que anoche bebió hasta muy tarde en la fiesta.

❹ cuanto (a / os / as)

El ladrón le robó (a ella) cuanto llevaba encima.

Dicen que Julio es un mujeriego. Parece ser que se enamora de todas cuantas ve.

La ayudé cuanto pude.

❺ cuyo (a / os / as)

Visitamos a un amigo cuya finca es muy bonita y grande.

Esa mujer, cuyos hijos eran abogados, murió de cáncer.

Esta es la casa en cuyo patio hay un pequeño surtidor.

❻ donde (= en que)

La empresa donde trabajamos obtuvo muchos ingresos el año pasado.

La pistola está donde la dejaste. (= en donde).

La policía nos señaló el sitio por donde habían entrado los delincuentes.

❼ cuando (= en que)

He madurado. Ya pasó la época cuando (yo) era joven e impulsivo.

Ahora es cuando tenemos que ser más valientes que nunca y luchar por lo que creemos.

❽ como (보통 선행사는 modo, manera, medio, arte 등이 됨)

Me gusta el modo como hablas.

Se fueron como llegaron, con las manos vacías.

Está bien, haremos como tú quieras.

Composición

1. 열심히 일하는 사람이 돈을 많이 버는 것은 공정하다.
2. 나는 커다란 성공을 거둔 영화를 만든 감독을 알고 있다.
3. 그녀를 위해서라면 내가 가진 모든 것을 줄 수 있다.
4. 그녀가 말하는 방식은 많은 사람을 매료시켰다.
5. 내가 어릴 적 살던 시골 마을은 아름다운 해변으로 유명하다.
6. 알고 보니 그는 생각보다 훨씬 인간적인 사람이었다.
7. 후안은 수업시간에 전화를 받으러 나갔는데 그것이 선생님을 화나게 했다.

호르헤 이삭스의 소설 『마리아』의 표지(좌)와 영화 〈마리아〉의 한 장면(우)

Diálogo

Manuel: ¿Cuándo volviste del pueblo? Pensé que no llegarías hasta la semana que viene.

Alberto: Esa era mi intención, pero ha surgido un problema en el proyecto en el que estoy trabajando y he tenido que volver antes de lo previsto.

Manuel: Vaya, ¡qué mala suerte! Primera vez que te daban dos semanas de vacaciones...

Alberto: ¡Qué le vamos a hacer! Ya sabes, el trabajo es lo primero.

Manuel: Bueno, ¿cómo está la gente del pueblo? Hace tiempo que no sé nada de ellos.

Alberto: ¿Te acuerdas de Ana, la chica cuyo padre tenía una zapatería cerca de la plaza?

Manuel: Claro que sí. Esa chica de quien me hablas fue mi primer amor.

Alberto: ¡No me digas! No lo sabía. Pues se ha casado.

Manuel: Me alegro por ella..., me extrañaba que aún no estuviera casada. Es una chica espléndida, en la que se puede confiar.

Alberto: ¿Y lo vuestro, por qué no funcionó?

Manuel: En aquel entonces éramos unos críos..., tan solo teníamos 17 años.

Alberto: Ya veo. Oye, la próxima vez tenemos que ir juntos.

Manuel: Y de ser posible, durante las fiestas del pueblo...

Alberto: Buena idea. ¿Por qué no avisamos a los demás?

Manuel: Perfecto. A ver si podemos reunirnos todos, como en los viejos tiempos.

Alberto: Estaría bien que los que tuviéramos tiempo y quisiéramos ir, alquiláramos una cabaña para pasar las fiestas juntos.

Lección

13

12 de octubre: Día de la Resistencia Indígena

La voz pasiva

Ficha informativa

El carácter pluricultural de América Latina, en donde conviven hoy en día razas mestizas de varios orígenes junto con culturas autóctonas que permanecen fieles a sus raíces, ha significado siempre un problema para la definición de la identidad de las naciones de ese continente. Por ello, la perspectiva histórica es fundamental para definir la naturaleza de ciertas fechas, como es el caso del 12 de octubre que España celebra como su fiesta nacional, mientras que no pocos pueblos que sufrieron la conquista cuestionan actualmente dicha celebración.

Ficha gramatical

La voz pasiva se forma con el verbo 'ser' más el participio pasado del verbo conjugado. El sujeto de la frase activa se transforma en agente, precedido por la preposición 'por'. Esta construcción es muy usual en inglés, pero en español se recomienda usarla cuando esté acompañada del agente.

Lectura

El 3 de agosto de 1492, el navegante Cristóbal Colón partió del Puerto de Palos, en Huelva, España, hacia el occidente. La expedición era apoyada por los Reyes Católicos de los territorios de Castilla y Aragón, y contaba con tres naves: la Santa María y dos carabelas de menor tamaño, la Niña y la Pinta. Luego de dos meses de viaje, y en medio de un creciente descontento de su tripulación por no hallar nada, avistó en el horizonte la silueta de tierra, pero realmente fue el marino Rodrigo de Triana, de la carabela Pinta, quien vio el lugar a las 2:00 de la mañana del 12 de octubre.

Los hombres desembarcaron en la isla Guanahani, que fue bautizada por Colón como San Salvador, dando inicio al encuentro de dos mundos con culturas, realidades, civilizaciones y cosmovisiones completamente distintas: América y Europa. Este suceso marcó un momento importante en la historia universal, pues significó el choque de dos continentes que se habían desarrollado independientemente, sin que ninguno conociera la existencia del otro.

La historia registra que los viajes de los portugueses a India, siguiendo la costa africana, significaron un estímulo para quienes creían en la ruta hacia el oeste como el camino más corto para llegar hasta las regiones del Asia oriental desde Europa. Colón confiaba en esta hipótesis y armó la exploración que lo conduciría a América que fue llamada 'las Indias' por los europeos, ya que él siempre creyó incluso hasta su muerte que había llegado al continente asiático.

En el debate sobre la manera de nombrar el acontecimiento sucedido el 12 de octubre de 1492 se han desarrollado diversas posiciones. Desde fines del siglo XVI, primero en la cultura occidental y luego en todo el mundo, se ha utilizado el término "descubrimiento de América", para referirse a la llegada de Colón al continente americano.

Pero el término "descubrimiento de América" ha sido cuestionado por los pueblos indígenas americanos que lo consideran una denominación eurocéntrica que ignora la presencia de sus antepasados en América al momento de la llegada de los españoles y que da prioridad a la idea de América como 'tierras' antes que como 'pueblos', con el fin de legitimar culturalmente la posterior dominación y colonización de la que fueron objeto. Con esta postura coinciden los sectores opuestos al colonialismo y al neocolonialismo, para quienes el término es una expresión de dominación cultural. En general, se propusieron términos alternativos como "Invasión de América" o "Día de la Resistencia", entre otros.

Hoy en día, en la mayoría de los países hispanoamericanos se denomina al 12 de octubre como "Día de la Raza", en conmemoración del hecho histórico donde ambas culturas se fusionaron. El nombre fue creado por el exministro Faustino Rodríguez-San Pedro, Presidente de la Unión Iberoamericana, que en 1913 pensó en una celebración que uniera a España e Iberoamérica.

El filósofo argentino Santiago Kovadloff expresó su opinión en relación con el tema: "Se aproxima un nuevo 12 de octubre y aún perduran los ecos de la polémica iniciada en 1992. Al cumplirse los quinientos años de la llegada de los españoles a América estalló la discusión, hasta allí quizá menos estridente pero no menos apasionada. ¿Cómo debía designarse lo sucedido? ¿Descubrimiento? ¿Encuentro de culturas? ¿Usurpación? ¿Conquista? Se presentaron numerosas posibilidades e imposibilidades interpretativas desde entonces y hasta hoy en día. El desacuerdo provocó confrontaciones interminables. Si la trascendencia del acontecimiento evocado resulta indiscutible, su definición, por uno u otro motivo insatisfactoria, prueba la dificultad para generar consenso donde tanta falta hace. Después de todo, si se trata de un problema de nombres, como enseña Aristóteles para enunciar las propiedades de las cosas, se debe pensar que la desorientación para lograr acuerdos en este punto pone en evidencia, todavía ahora, que todos aquellos responsables de la cuestión siguen hablando de cosas distintas".

Hace tiempo, el 12 de octubre fue declarado como "Día de la desgracia" por el parlamento del pueblo aimara (en la región del lago Titicaca, entre Perú y Bolivia), al recordar los "cinco siglos de vivir en la incertidumbre, infortunio y sojuzgamiento de nuestras libertades fundamentales. Puestos de pie, después de más de cinco siglos de la funesta hazaña de Cristóbal Colón, evocamos la grandeza de nuestros ancestros", así suscribieron los representantes aimaras. Al igual que otros pueblos originarios del continente, ratificaron que "no han podido acabar con nuestras aspiraciones a la libre determinación de un pueblo milenario con civilización y cultura cósmica".

Si para unos, el "Día de la Raza" celebra el mestizaje de las culturas india, negra y europea que produjo la conquista de América, en los últimos años, esa fecha fue convertida en el símbolo de la reconquista cultural y política por los pueblos indígenas.

Durante siglos dominó "la visión de los vencedores" y la justificación de la ocupación y el sojuzgamiento de las poblaciones nativas bajo el argumento de que las habían "civilizado". En décadas recientes, el movimiento indígena logró una visibilización que cuestionó esta idea y puso en el centro del debate sus consecuencias sociales y culturales para los pueblos indios. Al cumplirse quinientos años de la llegada del marino genovés a las costas del Caribe, se produjo un punto de quiebre que significó una victoria cultural de los indígenas.

Las celebraciones oficiales del Quinto Centenario en 1992 desataron discusiones y protestas indígenas que obligaron a cambiar la idea del "descubrimiento" de América por la del "encuentro de dos mundos". El centro del debate fue la "narrativa de la resistencia", desde el punto de vista de los pueblos originarios oprimidos y su reivindicación cultural frente al punto de vista colonial.

Vocabulario

carabela *f.* 중형 범선
tripulación *f.* 승무원
avistar *v.* 멀리서 바라보다
desembarcar *v.* 하역하다, 배에서 짐을 내리다
polémica *f.* 논쟁
estridente *adj.* 깨지는, 소리가 심한
sojuzgamiento *m.* 폭력적 정복
usurpación *f.* 강탈
funesto *adj.* 불행한, 불길한
ancestro *m.* 선조
suscribir *v.* 적다, (정기구독, 입회 등을) 신청하다
ratificar *v.* 비준하다, 승인하다
quiebre *m.* 파괴, 부수기
reivindicación *f.* 회복, 복권

Preguntas para comentar

1. ¿Por quién estaba apoyada la expedición de Cristóbal Colón?
2. ¿Dónde desembarcaron los hombres de Colón y cómo bautizó el lugar?
3. ¿Adónde creía Colón que había llegado?
4. ¿Por qué se rechaza el término "descubrimiento de América"?
5. ¿Cuáles otros nombres se han propuesto para nombrar el acontecimiento del 12 de octubre?
6. ¿Cuándo se inició la polémica del nombre?
7. ¿Qué significa esta fecha para algunos pueblos indígenas?
8. ¿Cuál es el nombre que ha permanecido más neutralmente, propuesto en 1913 por el Presidente de la Unión Iberoamericana?

Gramática

▶수동 구문 (La voz pasiva)

ser + participio pasado

El reo fue condenado por el tribunal con dos años de pena de cárcel.
Fue atropellado por un chófer que conducía con exceso de velocidad.
El niño era besado y mimado por su madre.
El banquete ha sido preparado por los mejores cocineros del país.

se + v + s (se pasiva)

Se vendió el piso de mi abuela recién fallecida, el cual había heredado mi padre.
Se han escrito unas 200 novelas sobre la Guerra Civil española.
Se ve una montaña desde la ventana de mi habitación.
Se firmó la paz en la reunión de los embajadores.
Se alquilan habitaciones para estudiantes.
Se le calculan dos mil años de antigüedad.

se + le(as) + v (se impersonal)

No se te entiende cuando hablas con la boca llena.
No cabe duda de que se me ha dicho la verdad.
Nunca se les aplaude en el concierto.
Se la mandó con la esperanza de que pudiera resolver el conflicto.
Se le ha castigado al criminal tal como se merecía.
A los jueces se les compraba con sobornos ofrecidos por el magnate.
Se le ha admirado por su memoria extraordinaria.
Se la vio a María con su novio en el parque.

목적격 + 3인칭 복수동사

Nos castigaron sin excepción por culpa del que escapó.
Le dieron un premio por su contribución a la empresa.
Me pisaron el pie bajando las escaleras del metro.

Estar (verse, hallarse, encontrarse, quedarse) + participio pasado

La carne está quemada.
Carmen está rodeada de sus amigas.
Los soldados se encuentran gravemente heridos como consecuencia del bombardeo.
Los alumnos se quedaron satisfechos al recibir calificaciones superiores a las esperadas.

Composición

1. 그 축구선수에게 좋은 조건의 계약이 제안되었다.
2. 빈 집에 들어섰을 때, 갑자기 그에게 이상한 소리가 들렸다.
3. 한국 사람들 사이에서 스페인 사람들은 친절하다고 알려져 있다.
4. 나에게는 그의 설명이 도저히 이해되지 않았다.
5. 그 집은 월 100만 원에 임대되었다.
6. 늘 웃는 사람에겐 좋은 일이 생기기 마련이다.
7. 승진 소식이 전해졌을 때 그녀는 기대하지 않았다는 듯 매우 놀랐다.

Diálogo

Tomás: ¿Que querías preguntarme antes?

Clara: Era acerca del trabajo sobre los pueblos indígenas de Honduras. Necesito información.

Tomás: Esa lección fue explicada por el profesor la semana pasada.

Clara: Ya, pero no asistí a clase. Además, con los apuntes no tendré suficiente. ¿Puedes echarme una mano?

Tomás: ¡Claro! De hecho, en el ordenardor de casa tengo varios ensayos sobre el tema.

Clara: Pero, ¿tenías el ordenador estropeado, no es verdad?

Tomás: Sí, pero el problema fue detectado por un técnico y ya está solucionado.

Clara: Menos mal. Oye, ¿sabes cuántos pueblos indígenas hay en Honduras?

Tomás: Se reconoce la presencia de nueve pueblos culturalmente diferenciados.

Clara: ¿Sabes dónde se encuentran localizados?

Tomás: El área geográfica de influencia de estos pueblos indígenas está distribuida en todo el país, específicamente por el occidente, el sur y la zona central.

Clara: ¿Tienes datos sobre la población? Necesito saber su nivel de escolaridad, ocupaciones, nivel de vida...

Tomás: Los datos proporcionados fueron considerados poco confiables, ya que la información correspondía a censos de hace más de 20 años. Pero los porcentajes con relación a la población nacional van del 7 al 13 por ciento.

Clara: Hay una exposición sobre pueblos indígenas de América Latina. ¿Vamos juntos?

Tomás: ¿La que ha sido inaugurada por el alcalde? ¡Me apunto!

Lección **14**

"Los mapuches continuamos con nuestros sueños"

Secuencias comparativas

Ficha informativa

Las culturas indígenas más conocidas fuera de América son la azteca o mexica, la inca y la maya. Pero hay otros pueblos que mantienen viva su cultura y que tienen su origen antes de la conquista española. Entre ellos, los pueblos mapuches de la Patagonia (Chile y Argentina) llamados también araucanos.

Ficha gramatical

Cuando queremos comparar dos elementos (personas, cosas, situaciones, etc.), utilizamos los adjetivos y las secuencias comparativas que pueden ser de igualdad, de inferioridad o de superioridad. La cuantificación aparece mediante los adverbios 'tan', 'menos' y 'más', en distintas construcciones equivalentes.

Lectura

Entre las voces más importantes de la poesía mapuche está la de Elicura Chihuailaf. Sus poemas en *mapudungun* (lengua mapuche) y en español han recorrido el mundo publicados en varios idiomas. Además, ha traducido a Pablo Neruda a lengua mapuche. Nació en Quechurehue, Chile, en 1952. Su familia se estableció en el pueblo de Cunco y de sus abuelos aprendió a cultivar la tierra y a compartir la cultura mapuche. Actualmente vive en Temuco. Estas son las reflexiones que compartió en entrevista:

José Osorio: ¿Cómo nació en ti el oficio de escribir?
Elicura Chihuailaf: Interno en el Liceo de Hombres de Temuco, me encontré de pronto tan lejos de mis paisajes como de mi gente y de la vida cotidiana al lado de mi abuelo, que es el líder (*Lonko*, en lengua mapuche) de nuestra comunidad. Llegado a las frías aulas la primera semana de abril, ¡hermoso otoño!, con días de llovizna y esplendorosa brisa llena de hojas de castaños, se me hicieron más intensos los sonidos de los ríos, el aroma de los bosques, el canto de los pájaros, pero más que nada, la ternura de las voces de mis abuelos y de mis padres... Y yo, en medio de cientos de estudiantes a quienes no podía -así pensaba entonces- hablar de mi gran nostalgia por miedo de ser ridiculizado. Mientras más solo me sentía, más hablaba conmigo mismo, después vendría la ayuda de unas cuantas hojas de papel.

JO: ¿De dónde vienen las fuentes de tu creación?
EC: De los cantos, de los cuentos y las adivinanzas de mis mayores, a orillas del fogón y de la cocina de leña en Quechurehue, la comunidad de mis abuelos y de mis padres. Ellos conocían mejor que nadie cómo leer la naturaleza.

JO: ¿Qué es para ti la poesía?
EC: La poesía es la palabra original, la palabra que cura, los cantos de la *Machi* (consejera y protectora de los mapuches), las invocaciones de los *Lonkos*. La

palabra de los niños y de los ancianos. La palabra que abre los sueños de los adolescentes. Pero más que ninguna otra, la palabra olvidada o difícil de pronunciar por los adultos en su lucha por la vida. La palabra que resplandece en los sueños, en los ideales y en los momentos de tristeza o de felicidad.

JO: ¿Cómo ves el panorama literario mapuche?
EC: Como en los años 30, cuando nuestros escritores publicaban sus creaciones en pequeños periódicos editados por nuestra propia gente, como la "Voz de Arauco" que dirigió mi padre en Temuco, o el "Heraldo Araucano", en Santiago, sigue siendo un grupo diverso que busca el diálogo. Claro que ahora hay más posibilidades que antes de divulgación y, por lo mismo, más conciencia e interés en nuestra escritura.

JO: ¿Cómo te relacionas con la literatura de Chile, con sus escritores, con sus poetas?
EC: Como lector, mi conexión es más fuerte con la novela y el cuento que con la poesía: Ciro Alegría, Luis Sepúlveda, etc. Aunque entre los poetas tengo excelentes amigos.

JO: Tú organizaste hace algunos años un 'Encuentro en la Palabra'. ¿Qué importancia tienen esos encuentros?
EC: Los llamamos '*Zugutrawvn* / Encuentro en la Palabra'. Los organizadores fuimos Jaime Valdivieso, que convocó a los escritores chilenos, y yo que invité a los escritores mapuches. Realizamos una primera parte en Temuco, en donde contamos con la presencia del gran poeta Nicanor Parra, y una segunda parte en Santiago. Son una posibilidad de verse cara a cara, cuanto más podamos intercambiar opiniones, más avanzaremos en el conocimiento de nuestras visiones de mundo. Pero más que ningún otro fin, son la posibilidad de dialogar en condiciones de igualdad y de mostrar a la sociedad chilena que es necesaria y urgente la aceptación de la diversidad que nos enriquece, para combatir la ignorancia que la discriminadora sociedad chilena tiene de nuestra cultura.

JO: ¿Cuál es el papel de la cultura mapuche y en particular de los escritores como tú, en la lucha por la recuperación de sus tierras, de su identidad y de su autonomía?

EC: Nuestra cultura es fundamental en nuestra lucha en defensa de nuestros hijos y de la naturaleza. Cada cual luchando desde su diversidad y, más que nada, sin olvidar el concepto de la totalidad, del universo que somos. Los mapuches, gente de la tierra, continuamos con nuestros sueños, que no desean más que guardar nuestra historia y mantener nuestro territorio histórico.

Vocabulario

invocación *f.* 기도, 기원
resplandecer *v.* 빛나다, 반짝이다
divulgación *f.* 공표, 유포
convocar *v.* 소집하다, 소환하다
discriminador *adj.* 차별하는

Preguntas para comentar

1. ¿Quién tradujo a Pablo Neruda a la lengua mapuche?
2. ¿Cuál fue el principal motivo de este poeta para empezar a escribir?
3. ¿Qué significa *Lonko* y quién tenía ese cargo en la familia del poeta?
4. ¿Cómo piensa que debe ser la poesía?
5. ¿En dónde se publicaba la literatura en lengua mapuche en la década de 1930?
6. ¿Quiénes se reunieron en el "Encuentro en la Palabra?"
7. ¿Qué quieren los escritores mapuches?

땅의 민족 마뿌체의 여인들

Gramática

▶비교 구문 (Secuencias comparativas)

cuanto / mientras 비교급	(tanto) 비교급
Cuanto más gritas, (Mientras)	(tanto) menos te escuchan. (tanto) más te odian. (tanto) peor te oyen.
Cuanto mejor lo hagas, (Mientras)	(tanto) mayor será el premio. (tanto) mejor será para ti.

Mejor + v (ind.) / **Más vale que + v** (sub.) / **preferir + inf.**

En vez de estar aquí aburriéndome como una ostra, mejor me echo una siesta.
Antes que estar oyendo las bobadas que dice, más vale que nos larguemos.
Este cocido ha salido fatal: prefiero comer otra cosa.

Más que ningún otro / Más que nadie / Más que nada

El traje que me gusta más que ningún otro es el verde.
El que me gusta más que nadie es el de las gafas.
Lo que me interesa más que nada es ganar mucho dinero y ser famoso.

No ... más que / más de / menos de + número

Juan no tiene más que 20 años. (= solo tiene 20.)
Juan no tiene más de 20 años. (= como máximo tiene 20.)

Juan no tiene menos de 20 años. (= como mínimo tiene 20.)
Juan tiene más / menos años de los que creía.

Sea que v (sub.), sea que v (sub.) / tanto si v (ind.), como (si) v (ind.)

Ya sea que venga él, ya sea que nosotros vayamos, lo importante es que nos reunamos.
Tanto si viene como si no, prepararemos el viaje.
Ya sea que venga él, ya sea que venga su hermano, iremos.
Tanto si piensas que puedes, como si piensas que no puedes, estás en lo cierto.
Sea que le den el premio Nobel de literatura, sea que no se lo den, él será siempre el mejor novelista.

Composición

1. 노력하면 할수록 너는 더 좋은 자리를 차지할 수 있을 것이다.
2. 그녀가 벗어나려고 하면 할수록 그들의 감시는 더욱 철저해졌다.
3. 외국에서 외롭게 사느니 차라리 고국으로 돌아가서 사는 게 더 낫겠다.
4. 우리 아버지는 누구보다도 더 한반도의 통일을 원하신다.
5. 그들이 나의 제안을 받아들이든 받아들이지 않든 나의 요구액을 제출할 것이다.
6. 후안은 내가 예상했던 것보다 훨씬 일찍 도착했다.
7. 마음에 들지 않는 상대와 결혼하느니 차라리 혼자 살겠다.

Diálogo

Natalia: Oye, en vez de estar aquí en casa sin hacer nada, mejor salimos a cenar.

Roberto: Sí, me estoy durmiendo. Si quieres vamos a ese restaurante chileno que te gusta tanto.

Natalia: ¡Genial! Es el restaurante que me gusta más que ningún otro. Podemos avisar a Rosa y a Luis para ir juntos.

Roberto: Vale, me parece bien. Pero tanto si vienen como si no, nosotros vamos, ¿eh?

Natalia: Pues sí que te gusta ir a ese restaurante, no lo hubiera imaginado...

Roberto: No es eso, más que nada me apetece salir de casa...

Natalia: ¿Sabías que en una de las salas venden piezas de artesanía de Chile?

Roberto: ¿Qué tipo de artesanía?

Natalia: Sobre todo piezas realizadas con lapislázuli.

Roberto: ¿Qué es eso?

Natalia: Una piedra semipreciosa de color azul procedente de la precordillera de la región de Coquimbo. El trabajo con esta piedra se luce en joyas y adornos con figuras de animales, jarrones y mosaicos.

Roberto: ¡Qué interesante! Y ¿cuándo fundaron ese restaurante?
Parece antiguo...

Natalia: Pues no lo es. Que yo sepa, no tiene más de diez años.

Roberto: Oye, antes de seguir hablando de otras cosas, más vale que llamemos para reservar una mesa.

Natalia: Tienes razón. Primero, vamos a llamar a Rosa para ver si se apunta.

Lección

15 Sueños y realidad

Oraciones restrictivas

Ficha informativa

Jorge Luis Borges (1899-1986) y Julio Cortázar (1914-1984) son los dos escritores argentinos más famosos de la literatura universal.

"Historia de los dos que soñaron" es la traducción que Borges hizo del cuento 351 de *Las mil y una noches*, publicado en *Historia universal de la infamia* (1935).

"Continuidad de los parques", el relato más breve de Julio Cortázar, está incluido en el libro *Final del juego* (1956).

Las historias superponen planos en la relación de sueño y realidad (primer cuento) y de la ficción dentro de la ficción (segundo cuento).

Ficha gramatical

Las oraciones restrictivas, además de añadir rasgos intencionales, reducen la extensión del conjunto designado de elementos. En las oraciones adversativas restrictivas, la oposición de sentido es parcial.

Lectura

Historia de los dos que soñaron

El historiador arábigo El Ixaquí refiere este suceso:

Cuentan los hombres dignos de fe (pero solo Alá es omnisciente y poderoso y misericordioso y no duerme), que hubo en El Cairo un hombre poseedor de riquezas, pero tan magnánimo y liberal que todas las perdió menos la casa de su padre, por lo que se vio forzado a trabajar para ganarse el pan.

Trabajó tanto que el sueño lo rindió una noche debajo de una higuera de su jardín y vio en el sueño a un hombre empapado que se sacó de la boca una moneda de oro y le dijo: "Tu fortuna está en Persia, en Isfaján; vete a buscarla". A la madrugada siguiente se despertó y emprendió el largo viaje afrontando los peligros de los desiertos, de las naves, de los piratas, de los idólatras, de los ríos, de las fieras y de los hombres. Llegó al fin a Isfaján, pero en el recinto de esa ciudad lo sorprendió la noche y se tendió a dormir en el patio de una mezquita. Había, junto a la mezquita, una casa y por el decreto de Dios Todopoderoso, una pandilla de ladrones atravesó la mezquita y se metió en la casa, y las personas que dormían se despertaron con el estruendo de los ladrones y pidieron socorro. Los vecinos también gritaron, hasta que el capitán de los serenos de aquel distrito acudió con sus hombres, pero los bandoleros huyeron por la azotea. El capitán hizo registrar la mezquita y en ella dieron con el hombre de El Cairo, y le menudearon tantos azotes con varas de bambú que estuvo cerca de la muerte.

A los dos días recobró el sentido en la cárcel. El capitán lo mandó buscar y le dijo: "¿Quién eres y cuál es tu patria?" El otro declaró: "Soy de la ciudad famosa de El Cairo y mi nombre es Mohamed El Magrebí". El capitán le preguntó: "¿Qué te trajo a Persia?" El otro optó por la verdad y le dijo: "Un hombre me ordenó en un sueño que viniera a Isfaján, porque aquí estaba mi fortuna. Ya estoy en Isfaján y veo que esa fortuna que prometió deben ser los azotes que tan generosamente me diste".

Ante semejantes palabras, el capitán se rió hasta descubrir las muelas del juicio y le dijo: "Hombre desatinado y crédulo, tres veces he soñado con una casa en la ciudad de El Cairo en cuyo fondo hay un jardín, y en el jardín un reloj de sol y después del reloj de sol una higuera y luego de la higuera una fuente, y bajo la fuente un tesoro. No he dado el menor crédito a esa mentira. Tú, sin embargo, engendro de una mula con un demonio, has ido errando de ciudad en ciudad, bajo la sola fe de tu sueño. Que no te vuelva a ver en Isfaján. Toma estas monedas y vete".

El hombre las tomó y regresó a la patria. Debajo de la fuente de su jardín que era la del sueño del capitán desenterró el tesoro. Así Dios le dio bendición y lo recompensó y exaltó. Dios es el Generoso, el Oculto.

Continuidad de los parques

Había empezado a leer la novela unos días antes. La abandonó por negocios urgentes, volvió a abrirla cuando regresaba en tren a la finca; se dejaba interesar lentamente por la trama, por el dibujo de los personajes. Esa tarde después de escribir una carta a su apoderado y discutir con el mayordomo una cuestión de aparcerías, volvió al libro en la tranquilidad del estudio que miraba hacia el parque de los robles. Arrellanado en su sillón favorito, de espaldas a la puerta que lo hubiera molestado como una irritante posibilidad de intrusiones, dejó que su mano izquierda acariciara una y otra vez el terciopelo verde y se puso a leer los últimos capítulos. Su memoria retenía sin esfuerzo los nombres y las imágenes de los protagonistas; la ilusión novelesca lo ganó casi enseguida. Gozaba del placer casi perverso de irse desgajando línea a línea de lo que lo rodeaba y de sentir a la vez que su cabeza descansaba cómodamente en el terciopelo del alto respaldo, que los cigarrillos seguían al alcance de la mano, que más allá de los ventanales danzaba el aire del atardecer bajo los robles. Palabra a palabra, absorbido por la sórdida disyuntiva de los héroes, dejándose ir hacia las imágenes que se concertaban y adquirían color y movimiento, fue testigo del último encuentro en la cabaña del monte.

Primero entraba la mujer, recelosa; ahora llegaba el amante, lastimada la cara por el chicotazo de una rama. Admirablemente restañaba ella la sangre con sus besos pero él rechazaba las caricias, no había venido a repetir las ceremonias de una pasión secreta, protegida por un mundo de hojas secas y senderos furtivos. El puñal se entibiaba contra su pecho y debajo latía la libertad agazapada. Un diálogo anhelante corría por las páginas como un arroyo de serpientes y se sentía que todo estaba decidido desde siempre. Hasta esas caricias que enredaban el cuerpo del amante como queriendo retenerlo y disuadirlo, dibujaban abominablemente la figura de otro cuerpo que era necesario destruir. Nada había sido olvidado, coartadas, azares, posibles errores. A partir de esa hora, cada instante tenía su empleo minuciosamente atribuido. El doble repaso despiadado se interrumpía apenas para que una mano acariciara una mejilla. Empezaba a anochecer.

Sin mirarse ya, atados rígidamente a la tarea que los esperaba, se separaron en la puerta de la cabaña. Ella debía seguir por la senda que iba al norte. Desde la senda opuesta él se volvió un instante para verla correr con el pelo suelto. Corrió a su vez, parapetándose en los árboles y los setos, hasta distinguir en la bruma malva del crepúsculo la alameda que llevaba a la casa. Los perros no debían ladrar, y no ladraron. El mayordomo no estaría a esa hora, y no estaba. Subió los tres peldaños del porche y entró. Desde la sangre galopando en sus oídos le llegaban las palabras de la mujer: primero una sala azul, después una escalera alfombrada. En lo alto, dos puertas. Nadie en la primera habitación, nadie en la segunda. La puerta del salón, y entonces: el puñal en la mano, la luz de los ventanales, el alto respaldo de un sillón de terciopelo verde, la cabeza del hombre en el sillón leyendo una novela.

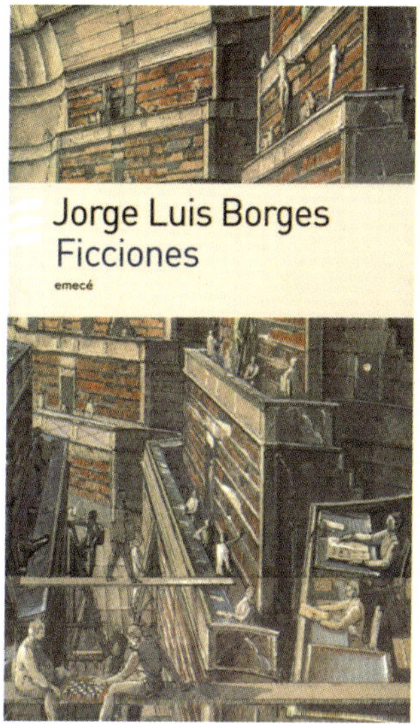

호르헤 루이스 보르헤스의 『픽션들』

훌리오 꼬르따사르의 『팔방놀이』

Vocabulario

magnánimo *adj.* 통이 큰, 관대한
rendir *v.* 굴복시키다
empapado *adj.* 흠뻑 젖은
emprender *v.* 착수하다
idólatra *m. f.* 우상숭배자
recinto *m.* 구역, 경내
pandilla *f.* 연합, 패거리
estruendo *m.* 큰소리, 굉음
sereno *m.* 야간 경비원
menudear *v.* 자주 하다, 실행하다
vara *f.* 막대기, 작대기
muela *f.* 어금니
desatinado *adj.* 경솔한, 무질서한
engendro *m.* 태아, 기형아
apoderado *m.* 대리인
mayordomo, ma *m. f.* 집사
aparcería *f.* 공동 관리 계약
arrellanarse *v.* 편하게 쉬나
desgajar *v.* 산산조각 내다
sórdido *adj.* 추접스러운, 불결한
disyuntiva *f.* 어긋남
concertarse *v.* 조화를 이루다
cabaña *f.* 오두막
receloso *adj.* 불안한, 걱정스러운
lastimar *v.* 상처를 입히다
chicotazo *m.* 채찍질
restañar *v.* 지혈하다
entibiar *v.* 미지근하게 하다
agazapado *adj.* 웅크린
enredar *v.* 그물로 잡다, 말려들게 하다
abominablemente *adv.* 혐오스럽게
despiadado *adj.* 무자비한, 냉혹한
parapetar *v.* 몸을 감추다, 숨기다
seto *m.* 통나무, 울타리
bruma *f.* 안개, 연무
malva *f.* 접시꽃, 연자줏빛
crepúsculo *m.* 황혼, 해질 녘

Preguntas para comentar

1. En el cuento de Borges, ¿qué es lo único que conserva el hombre de El Cairo cuando pierde sus riquezas?
2. ¿Qué hay en el jardín de su casa?
3. ¿Adónde tenía que ir a buscar su fortuna?, ¿cómo recibió ese mensaje?
4. ¿Por qué lo castigaron en Isfaján?, ¿cuál fue el castigo?
5. ¿Cómo supo del tesoro que había en su casa?
6. En el cuento de Cortázar, ¿cuál es el pasatiempo favorito del dueño de la finca?
7. ¿Dónde se sienta a leer el final de su novela?
8. ¿Qué planean hacer los amantes con el esposo de la mujer?
9. ¿Qué cosas se repiten iguales en la novela y en la descripción de la casa del dueño de la finca?
10. ¿Quién entra por la puerta del salón donde está leyendo el dueño de la finca?

Gramática

▶제한 구문 (Oraciones restrictivas)

solo / nada más / no ... más que / no ... sino / no ... otra cosa (más) que (sino)

Desde esta parte del pueblo, solo se ven casas.
En esta isla, nada más se ven turistas coreanos.
En esa sala de espera, no se ven más que niños llorando.
Desde este punto, no se ven sino montañas nevadas.
Durante esta festividad, no se ve otra cosa más que personas disfrazadas.

la única cosa que no ... / menos que, excepto que, salvo que

La única cosa que no tolero es que se rían de mí.
Lo tolero todo menos que (excepto que, salvo que) mi novio salga con otra.
El único jabón que no me irrita la piel es el jabón para bebés.

no otro / más ... que, sin otro / más ... que ...

No hay más remedio que darle la razón.
Dado que el ascensor no funcionaba, no tuvimos otro remedio que subir por las escaleras a la décima planta.
Puede usted quedarse todo el tiempo que quiera sin otro límite que el horario establecido.
El cirujano dijo que no había otra solución más que amputarle la pierna.

Composición

1. 전투가 끝난 후 오직 병사들의 시체만이 남아 있었다.
2. 그녀는 하루 종일 집에서 친구들과 전화통화만 했다.
3. 그는 회사에 갈 때 걷는 것 외엔 아무 운동도 하지 않는다.
4. 까르멘이 좋아하지 않는 유일한 음악 장르는 록이다.
5. 실연의 아픔에서 벗어나기 위해서는 시간을 보내는 수밖에 없다.
6. 한반도의 긴장 상태를 풀기 위해선 북한과 우호적인 관계를 유지하는 수밖에 없다.
7. 당시에 스페인은 심각한 경제위기 상황에 있었기 때문에 유럽연합의 자금 지원을 받는 수밖에 없었다.

Diálogo

Taquillero: Bienvenidos a la Mezquita de Córdoba. ¿En qué puedo ayudarles?

Roberto: Buenos días, quisiéramos información sobre las visitas programadas a la mezquita.

Taquillero: Muy bien, aquí tienen un folleto informativo. Disponen de dos opciones: podemos programarles una visita personalizada con un guía privado o pueden unirse a un grupo compuesto por diez personas, como máximo.

Marisa: En caso de contratar los servicios de un guía privado, ¿cuánto tiempo duraría la visita y cuánto nos saldría?

Taquillero: La tarifa es de setenta euros y ustedes pueden estar todo el tiempo que quieran sin otro límite que el horario de la mezquita.

Roberto: ¿Y cómo son las visitas en grupo?

Taquillero: El precio es de quince euros por persona y la visita dura alrededor de tres horas. Además, pueden elegir el horario que más les convenga.

Marisa: Un momento, vamos a discutirlo y ahora volvemos.

Roberto: (*Dirigiéndose a Marisa*). Dado que hoy ya no nos queda mucho dinero, no tenemos otro remedio que hacer la visita en grupo.

Marisa: Pero, ¿podemos pagar con la tarjeta de crédito, no?

Roberto: La he dejado en el hotel. Además, setenta euros me parece excesivo.

Marisa: Es un poco caro, pero ya sabes que tenía muchas ganas de ver esta mezquita. ¿Y si volvemos mañana?

Roberto: Mira, lo del precio es lo de menos. La única cosa que no voy a aguantar es que un hombre me hable de estructuras arquitectónicas e historia durante horas.

Marisa: Roberto, nada más te quejas...

Roberto: Mi idea de hacer un viaje no consiste tan solo en visitar monumentos y museos. No hemos hecho otra cosa que ir a palacios y exhibiciones...

Marisa: Vaya, no sabía que te estabas aburriendo tanto...

Roberto: No te había dicho nada hasta ahora porque sé que te encanta el arte.

Marisa: Bueno, a partir de mañana cambiaremos los planes... Pero hoy, ¡entramos en la mezquita!

Lección

16

Memorias de un diario en motocicleta en el Camino de Santiago

Pronombre personal 'se'

Ficha informativa

Desde los comienzos de la era cristiana y hasta la fecha, miles de peregrinos han cruzado todo el norte de la península ibérica hasta la ciudad de Santiago de Compostela, donde se encuentra la tumba del apóstol.

Ficha gramatical

El pronombre personal 'se' aparece en los verbos pronominales y sirve para formar oraciones impersonales y de pasiva refleja. Verbos pronominales son los que se construyen en todas sus formas con un pronombre átono que concuerda con el sujeto y que no desempeña ninguna función sintáctica oracional. Algunos verbos son exclusivamente pronominales, como *arrepentirse*, y otros adoptan determinados matices significativos o expresivos en las formas reflexivas; p. ej., *caer o morir*. La pasiva refleja es una construcción reflexiva con sentido pasivo: *Se vende fruta, Se construyen muchas casas en esta ciudad*, etc.

Las oraciones impersonales se llaman así por carecer de sujeto gramatical y en ellas la forma 'se' precede siempre a un verbo en tercera persona del singular. Esta construcción puede darse con verbos intransitivos (*Se trabaja mejor en equipo*), con verbos copulativos (*Se está mejor solo que mal acompañado*) o con verbos transitivos cuando llevan un complemento directo de persona precedido de la preposición 'a' (*Se busca a los culpables del crimen*).

Lectura

Nuestro viaje inició como la celebración de los treinta años de mi hermano Carlos y como una oportunidad de explorar las tierras y de conocer la cultura del norte de España en motocicleta. Pero cuando partimos desde Barcelona y empezamos a cruzar España, nuestro viaje se transformó en 'la peregrinación hacia Santiago de Compostela', tomando una dimensión distinta.

La peregrinación a Santiago dio un propósito exacto a nuestro viaje: se acercaba a una meta que era tanto física como espiritual. Quería ver las tierras que por tantos siglos habían recorrido otros peregrinos, para darme una idea de cómo era el viaje y deseaba experimentar la aventura del peregrinaje.

Cada persona en el viaje fue una puerta hacia la experiencia espiritual de la peregrinación, palabra que significa andar por tierras extrañas o ir en romería (grupo grande de gente) a un santuario por devoción o por promesa. Se disfruta al ver a tantas personas recorriendo el Camino de Santiago, porque todos llevan la misma meta, aunque todos teníamos nuestros propios motivos y nuestra manera de hacer el viaje. Sin embargo, se diría que estábamos unidos en un solo camino con un destino común. Yo sentí que lo estaba compartiendo con cada uno de los peregrinos modernos y, en cierta forma, también lo compartía con todos aquellos que habían hecho el viaje anteriormente.

El paisaje inmenso del norte de España, con los Pirineos a la distancia se parecía al oeste de los Estados Unidos, a las praderas de Montana con las Montañas Rocosas a la distancia. Más adelante en el camino, los únicos viajeros que se veían eran mi hermano en su motocicleta con su pasajera al lado. Se veían pequeños en comparación con este enorme país. En esos momentos, me imaginaba cómo se sentirían los otros peregrinos al cruzar España hacia una meta que estaba más allá del horizonte, viendo a los otros viajeros en la distancia.

Los peregrinos en motocicleta se enfrentan a peligros muy diferentes a los de los antiguos peregrinos que avanzaban a pie. Pero los peligros no eran menos reales que los que se enfrentaban en la antigüedad. En el camino se vendían conchas, emblema de Santiago, y a manera de protección puse una concha en el maletín que llevaba conmigo en el tanque de la moto, justo al frente de donde iba sentado manejando. Cada día, 'nuestra compañera' simbólica haría una oración por la seguridad de nuestro viaje. De alguna manera todos se sentían protegidos por Santiago, pues él nos guiaría sin peligro durante el viaje de cada día.

Hasta para los que andábamos en motocicleta, cruzar España fue un largo viaje. Pude entender por qué se admira a aquellos peregrinos que hacen el viaje a pie. A veces me remordía la conciencia cuando pasaba junto a ellos manejando mi motocicleta sin ningún esfuerzo, y los veía caminar paso a paso bajo el intenso sol del verano español. Yo me consolaba diciendo que la próxima vez lo haría a pie. Siempre me ha impresionado ver cómo la fe mueve a la gente y la impulsa a hacer cosas que sobrepasan muchas veces los límites. ¡Hay peregrinos que han caminado desde Bélgica y Suiza, recorriendo más de la mitad de Europa! Me pregunto si estos peregrinos podrían imaginarse lo que les esperaba en el viaje por completar. Después supe que se camina mejor cuando al iniciar se tiene metas más pequeñas que el recorrido mismo. Seguramente, se ponían una meta o un destino para cada día. Estoy seguro de que se sentían felices con el progreso de cada día y recibían con alegría el descanso, al terminar la jornada diaria.

Se cubre una distancia mayor viajando en motocicleta. Sin embargo, cada día teníamos también una meta, un destino y con alegría descansábamos al llegar a nuestra meta en un nuevo pueblito o villa, ciudad o una posada del campo. Era el momento en que la gente se sentaba para descansar y conversar sobre las experiencias del día y los planes de la siguiente jornada. También era el momento de conocer y platicar con otros peregrinos, para compartir sus experiencias del camino.

Llegamos a Santiago de Compostela el sábado 11 de junio. La gran plaza enfrente de la catedral de Santiago estaba llena de peregrinos y turistas. Se vendían cosas típicas por todas partes. Aunque no contábamos con bastones ni mochilas, me sentí como uno de los peregrinos. Nuestra llegada fue justo a tiempo para la Misa de Peregrinos, del domingo 12 de junio al mediodía.

El hecho de no ser católico no fue obstáculo para sentir que formaba parte de la hermandad que se compartía entre todas las personas de distintas partes del mundo que estaban en la misa, y que habían llegado con la misma meta. Nuestras experiencias eran distintas, sin duda alguna, pero las compartimos al estar en ese sitio sagrado. Para mí, la Misa del Peregrino era una ceremonia religiosa para todo el mundo, de todas las religiones y nacionalidades, para todos los que estaban allí cumpliendo el Camino de Santiago.

El Camino de Santiago tiene sus raíces en la religión católica, pero es un camino para todos. Siempre se gana algo al hacer este viaje. Cuando el Camino de Santiago se convirtió en Patrimonio de la Humanidad de la Unesco, se reconoció que estos caminos eran muy importantes para la gente del mundo entero.

En todo momento me sentí protegido por Santiago, pude experimentar que él nos guiaría sin peligro durante el viaje de cada día. Al finalizar el recorrido, viajamos desde Santiago de Compostela hacia San Sebastián y partí a casa viajando por el sur de Francia. Siempre mantuve la concha de Santiago en el maletín del tanque de mi motocicleta, como símbolo de protección en el viaje de regreso al hogar. Nunca imaginé que la experiencia fuera a marcar mi vida, se dice que cuando el tiempo pasa todo lo borra. Pero en mi caso, se trataba de una vivencia única. El recorrido del Camino de Santiago ha dejado una profunda huella en mi memoria y ahí se quedará para siempre.

Vocabulario

romería *f.* 큰 그룹, 순례자 무리
santuario *m.* 성지, 순례지
devoción *f.* 숭배, 헌신
pasajera *f.* 승객
oración *f.* 기도, 간구
remorder *v.* 물어뜯다, 괴롭히다
consolar *v.* 위로하다
posada *f.* 객줏집, 여관
bastón *f.* 지팡이
mochila *f.* 배낭
hermandad *f.* 형제애
patrimonio *m.* 유산

까미노 데 산띠아고 순례자를 상징하는 조개껍데기

산띠아고 데 꼼뽀스뗄라 대성당

Preguntas para comentar

1. ¿Cuántos y de dónde salieron para recorrer el Camino de Santiago, en este diario?
2. ¿Qué significa ir en peregrinación?
3. ¿Qué objeto se vende a la orilla del camino para proteger de los peligros?
4. ¿Cómo hacen los peregrinos para caminar mejor?
5. ¿Cuál es la celebración que espera a los peregrinos?
6. ¿Es una tradición exclusiva para los católicos?

Gramática

▶Se의 용법 (Usos de 'se')

❶ 간접목적 대명사 ('se' de objeto indirecto)

Se lo he dicho porque no quiero que se entere por terceras personas.
Díselo antes de que sea demasiado tarde.
Tráigaselas lo antes posible.

❷ 재귀대명사 ('se' reflexivo)
- 타동사를 자동사로 만든다.

Después de levantarse temprano se lavó la cara y se secó con una toalla.
Cada vez que me equivoco, me vuelvo loco. (cf. Me vuelves loco.)
Nos pusimos nerviosos cuando nos acercamos a la frontera.
Se sintió fatal al saberse suspendido en el examen.
Me alegro mucho de que Juan y María se casen.
Se entristeció mucho al saber la muerte de su abuela.
Se mató con una pistola en vez de entregarse a la Policía.
Me pellizqué para saber si no estaba soñando.

❸ 상호의 se ('se' recíproco)

Se enfrentaron muy enfadados y finalmente se golpearon.
Carlos y Ana se escriben cartas de amor todos los días.

❹ 무의지의 se

Se me perdió el dinero, se me quedó el celular en casa... ¡Se me cerró el mundo!
Se me olvidó su nombre. (Olvidé su nombre. Me olvidé de su nombre.)
Se me ocurrió una idea magnífica para sacar adelante el proyecto.
Se me trabó la lengua.

❺ 다른 의미를 만드는 se
- se가 없어도 문장은 성립하지만 뉘앙스가 갈거나 약간 달라진다.

Se ha ido a Japón para celebrar la boda de unos amigos.
Se comió todo en un bocado.
Me muero de hambre.
Me lo suponía.
Me temo que te equivocas. / Temo que te equivoques.
Vente conmigo.
Espérate.
Juan se cayó del caballo.
Se ha terminado el campamento, pero se quedaron todos para arreglar.
Se escaparon los presos de la cárcel.

abandonar 포기하다 **abandonarse** 자포자기하다, 몸을 맡기다	**acordar** 결정하다, 합의하다 **acordarse de** 기억하다
colocar 두다 **colocarse** 취직하다	**comportar** 포함하다, 수반하다 **comportarse** 행동하다, 처신하다
efectuar 행하다 **efectuarse** 실현하다	**fijar** 고정시키다 **fijarse** 주의를 기울이다
hacer 하다 **hacerse** 되다	**marchar** 행진하다 **marcharse** 떠나다
ocurrir 발생하다 **ocurrirse** 머리에 떠오르다	**presentar** 제출하다, 소개하다 **presentarse** 출두하다, 지원하다
prometer 약속하다 **prometerse** 약혼하다	**referir** 말하다 **referirse a** ~와 관련이 있다

Composición

1. 우리는 교수님이 하는 말에 주의를 기울였으나 알아들을 수 없었다.
2. 한국시리즈의 입장권이 매진되어 우리는 집에서 TV로 경기를 볼 수밖에 없었다.
3. 유로존이 붕괴될 것이라고는 도저히 생각되지 않는다.
4. 후안은 오늘 마리아와 점심 약속이 있다는 것을 까맣게 잊고 있었다.
5. 북한과의 관계에 있어서 우리에게는 더 많은 인내가 필요하다.
6. 그는 다리가 부러졌기 때문에 외출할 엄두도 내지 못한다.
7. 이 프로젝트의 성공은 순전히 그의 희생 덕분이다.

Diálogo

Rafael: ¿Dónde está Luis?

Isabel: Está en camino. Ayer se quedó estudiando hasta la madrugada y esta mañana se ha levantado tarde.

Rafael: Por cierto, ¿me trajiste el libro que te pedí?

Isabel: ¡Ah! Se lo presté a Luis la semana pasada. Creo que se lo leyó completo el fin de semana.

Rafael: Últimamente está muy estudioso. ¿Qué mosca le habrá picado?

Isabel: Pues que por fin abrió los ojos. Se ha dado cuenta de lo mal que está el mercado laboral. Así que ha decidido ponerse las pilas..., aunque lo debería haber hecho antes.

Rafael: Bueno, mejor tarde que nunca, ¿no?

Isabel: Sí... Bueno, ¿y tú qué? ¿Ya has decidido qué vas a hacer?

Rafael: Pues la verdad es que estoy hecho un lío. Se me ocurren mil cosas. No sé qué hacer con mi vida. Por eso, estoy pensando en recorrer el Camino de Santiago.

Isabel: ¿Y eso? Pensaba que no te gustaban los viajes sacrificados.

까미노 데 산띠아고의 순례자들

Diálogo

Rafael: Necesito un respiro... Tengo que ordenar mis ideas.

Isabel: Pero, ¿no estabas pensando en buscar un trabajo?

Rafael: He estado mirando y no hay muchas ofertas en lo mío..., con la crisis, la situación se ha puesto muy mal.

Isabel: ¿Sabes que se ha convocado a un concurso de plazas en el Ministerio de Cultura?

Rafael: Sí, pero solo hay una. Además, se requiere el conocimiento de por lo menos, dos lenguas extranjeras. Por eso, también estaba pensando en ir al extranjero para aprender idiomas.

Isabel: ¿Y cómo te pagarías los gastos si no trabajas?

Rafael: Tengo algo de dinero ahorrado... Me gustaría ir a un país donde se hable francés, pero también donde se pueda practicar el inglés.

Isabel: Eso lo puedes decidir mientras haces el Camino...

Lección

17

Drama de mujeres de los pueblos de España

Oraciones exclamativas

Ficha informativa

Federico García Lorca (España, 1898-1936), famoso dramaturgo y poeta, escribió *La casa de Bernarda Alba*, una tragedia de mujeres considerada como la más representativa del teatro español del siglo XX. En la obra destacan rasgos de la España de principios del siglo XX que vivía en una sociedad tradicional muy violenta, en la que las mujeres desempeñaban un papel secundario.

Ficha gramatical

Los enunciados exclamativos expresan emociones y sentimientos, como admiración, sorpresa, tristeza, temor, alegría, etc. En estos enunciados, se acentúa el carácter afectivo o emotivo de la oración y el signo correspondiente (¡ !) abre y cierra, en español.

Lectura

(*Se oye un silbido y Adela corre a la puerta, pero Martirio se le pone delante.*)

Martirio: ¿Adónde vas?

Adela: ¡Quítate de la puerta!

Martirio: ¡Pasa si puedes! ¡No te dejaré salir!

Adela: ¡Apártate y déjame pasar! (*Adela lucha contra su hermana Martirio.*)

Martirio: (*Gritando*). ¡Madre, madre!

(*Aparece Bernarda. Sale en enaguas, con un mantón negro.*)

Bernarda: ¡Quietas, quietas! ¡Qué pobreza la mía, quisiera tener un rayo en la mano, para...!

Martirio: (*Señalando a Adela*). ¡Estaba con él! ¡Mira esas enaguas llenas de paja de trigo del corral!

Bernarda: ¡Eres una mal nacida! (*Se dirige furiosa hacia Adela.*)

Adela: (*Enfrentándose a su madre*). ¡Aquí se acabaron las voces de cárcel y de encierro! (*Le quita el bastón a su madre y lo parte en dos*). Esto hago yo con el bastón de la dominadora. No dé usted un paso más. ¡Ahora, a mí no me manda nadie más que Pepe!

(*Sale Magdalena.*)

Magdalena: ¡Adela! ¿Qué has hecho?, ¿cómo te atreves a tratar así a nuestra madre?

(*Salen La Poncia y Angustias.*)

Adela: Yo soy la mujer de Pepe. (*A Angustias*). Entérate tú y ve al corral para que no lo dudes. Él dominará toda esta casa. Ahí está afuera, respirando como si fuera un león, esperando mi regreso.

Angustias: ¡Dios mío! ¡Pero si estábamos comprometidos para casarnos!

Bernarda: ¡La escopeta! ¿Dónde está la escopeta? (*Sale corriendo.*)

(*Aparece Amelia por el fondo, mirando aterrada, con la cabeza sobre la pared. Sale detrás Martirio.*)

Adela: ¡Nadie podrá conmigo, nadie podrá detenerme! (*Va a salir.*)

Angustias: (*Sujetándola*). De aquí no sales con triunfo, ¡ladrona!, ¡has deshonrado nuestra casa!

Magdalena: ¡Déjala que se vaya donde no la veamos nunca más!

(*Se oye un disparo.*)

Bernarda: (*Entrando*). Atrévete a buscarlo ahora.

Martirio: (*Entrando*). Se acabó Pepe el Romano.

Adela: ¡Pepe! ¡Dios mío! ¡Pepe! (*Sale corriendo.*)

La Poncia: ¿Pero lo habéis matado?

Martirio: ¡No! ¡Salió corriendo como un cobarde en su caballo!

Bernarda: No fue culpa mía. Una mujer no sabe apuntar bien...

Magdalena: ¿Por qué lo has dicho entonces?

Martirio: ¡Por ella! ¡Por Adela, para que se lo quite de la cabeza!

La Poncia: Maldita.

Magdalena: ¡Endemoniada!

Bernarda: ¡Silencio! Es mejor así. (*Se oye como un golpe*). ¡Adela! ¡Adela!

La Poncia: (*Golpeando la puerta*). ¡Abre, Adela! ¡Abre la puerta!

Bernarda: Abre, Adela. No creas que los muros defienden de la vergüenza.

Criada: (*Entrando*). ¡Se han levantado los vecinos!

Bernarda: (*En voz baja, como un rugido*). ¡Abre, Adela, porque echaré abajo la puerta! (*Pausa. Todo queda en silencio*). ¡Adela! (*Se retira de la puerta*). ¡Trae un martillo!

(*La Poncia da un empujón y entra. Al entrar da un grito y sale.*)

Bernarda: ¿Qué?

La Poncia: (*Se lleva las manos al cuello*). ¡Nunca tengamos ese fin!

(*Las hermanas se echan hacia atrás. La criada se santigua. Bernarda da un grito y avanza.*)

La Poncia: ¡No entres!

Bernarda: No. ¡Yo no! Pepe: irás corriendo vivo por lo oscuro de las alamedas, pero otro día caerás. ¡Descolgadla! ¡Mi hija ha muerto virgen! Llevadla a su cuarto y vestidla como si fuera doncella. ¡Nadie dirá nada! ¡Ella ha muerto virgen! Avisad que al amanecer den dos clamores las campanas.

Martirio: Dichosa ella mil veces que lo pudo tener...

Bernarda: Y no quiero llantos. La muerte hay que mirarla cara a cara. ¡Silencio! (*A otra hija*). ¡A callar he dicho! (*A otra hija*). Las lágrimas, cuando estés sola. ¡Nos hundiremos todas en un mar de luto! Ella, la hija menor de Bernarda Alba, ha muerto virgen. ¿Me habéis oído? ¡Silencio, silencio he dicho! ¡Silencio!

De *La casa de Bernarda Alba*

Vocabulario

silbido *m.* 휘파람 소리
enaguas *f.* 속치마
mantón *m.* 숄
rayo *m.* 광선, 벼락
paja *f.* 짚, 지푸라기
corral *m.* 우리, 사육장
furioso *adj.* 성난
encierro *m.* 포위, 가두기
aterrado *adj.* 불안한, 겁에 질린
sujetar *v.* 붙잡다, 억누르다
deshonrar *v.* 명예를 더럽히다, 모욕하다
rugido *m.* 으르렁거림
martillo *m.* 망치
santiguarse *v.* 성호를 긋다
clamor *m.* 종소리, 울림
luto *m.* 상(喪)

연극 〈베르나르다 알바의 집〉의 한 장면

Preguntas para comentar

1. ¿Para qué quiere salir Adela de la casa?
2. ¿Por qué piensas que Bernarda hubiera querido tener un rayo en la mano?
3. ¿Qué hace Adela como señal de rebeldía contra su madre?
4. ¿De quién era novio Pepe?
5. ¿Por qué no puede Bernarda matar a Pepe con su escopeta?
6. ¿Cuál es la causa del suicidio de Adela?
7. ¿Qué ordena Bernarda a sus hijas?
8. ¿Qué era lo que más le importaba a Bernarda, sus hijas o lo que habrían podido decir los demás?

푸엔떼 바께로스에 있는 가르시아 로르까 생가

Gramática

▶감탄문 (Oraciones exclamativas)

❶ ¡Qué + 명사! (+ 동사)

¡Qué muchacho! ¡Qué casualidad! ¡Qué barbaridad! ¡Qué lástima!
¡Qué calor hace! ¡Qué cara tiene! ¡Qué suerte que no estuve!

❷ ¡Qué + 형용사 / 부사! (+ 동사)

¡Qué amable! ¡Qué guapa!
¡Qué inteligente es ese chico! ¡Qué bien jugó Messi!

❸ ¡Qué 명사 tan 형용사!

¡Qué película tan divertida! ¡Qué día tan hermoso!

❹ ¡Qué + de 명사! (Cuánto + 명사)

¡Qué de gente! (¡Cuánta gente!) ¡Qué de cosas me contó!

❺ ¡Cómo + 동사!

¡Cómo ha crecido! ¡Cómo llueve! ¡Cómo me encantó la novela!

❻ ¡Cuánto + 동사!

¡Cuánto me alegro de verte! ¡Cuánto tarda ese hombre! ¡Cuánto le gusta gastar!

Composición

1. 한국의 단풍은 얼마나 아름다운가!
2. 난 그때 얼마나 어리석었던가!
3. 그 아이는 얼마나 많은 대중가요를 알고 있는지!
4. 그녀는 매순간 얼마나 용의주도한지!
5. 그 부부는 어젯밤 얼마나 심하게 싸우던지!
6. 레알 마드리드와의 경기에서 메시가 넣은 골은 얼마나 멋있던지!
7. 얼마나 오랫동안 너를 보지 못했는가!

Diálogo

Anabel: ¡Lorena! Menos mal que estás aquí. ¡Qué alegría encontrarte!

Lorena: ¡Qué sorpresa! ¡Qué haces aquí! ¿No habíamos quedado mañana por la noche?

Anabel: Sí, sí. Pero no podía esperar... Tengo que hablar contigo urgentemente.

Lorena: ¿Qué te pasa? Te noto un poco nerviosa.

Anabel: Lorena, ¡qué voy a hacer! ¡No puedo seguir adelante con la boda!

Lorena: ¡Cómo que no puedes seguir con la boda! Pero, ¡qué dices! A ver, cálmate. Son los nervios..., últimamente has tenido mucho trabajo y con todos los preparativos es normal que estés estresada.

Anabel: No es eso..., no estoy segura de querer pasar el resto de mi vida con Pablo.

Lorena: ¡Es increíble! ¡Y te das cuenta ahora! La boda se celebra dentro de un mes...

Anabel: ¡Ya lo sé! Por eso estoy que me subo por las paredes... Ya sabes que quiero mucho a Pablo, llevamos juntos una eternidad.

Lorena: Entonces, ¿cuál es el problema?

Anabel: Pues, no sé..., empiezo a tener dudas sobre mis sentimientos hacia Pablo.

Lorena: ¿Has hablado con él?

Anabel: ¡Qué va! ¿Estás loca? Él está muy ilusionado con la boda y no quiero hacerle daño.

Lorena: Lo entiendo, pero más vale que aclares tus ideas lo antes posible. Habla con él hoy mismo.

Anabel: Y ¿qué le digo?

Lorena: Lo mismo que me has dicho a mí. Si necesitas más tiempo, podrían aplazar la boda.

Anabel: ¡Qué fácil es decirlo! Además, ¡casi todo está listo! ¡Me voy a volver loca! Me siento tan mal...

Lorena: Ya, lo sé. Pero casarte con él sin estar convencida no es la solución.

Diálogo

Anabel: Bueno, luego te llamo. Gracias por todo, Lorena.

Lorena: ¡Para qué son las amigas! Eso sí..., de lo que no debes tener dudas es que quedan pocos chicos como Pablo. ¡Es un trozo de pan!

Lección

18 Relatos míticos mexicanos

Estilo directo e indirecto

Ficha informativa

El Popocatépetl es un volcán activo, el segundo más alto de México (5,458 m), que se encuentra a 55 km de la Ciudad de México. Está unido por la parte norte con el Iztaccíhuatl, un volcán apagado y el tercero en altura (5,284 m), que se parece a una mujer acostada, cubierta por un manto de nieve que ha ido desapareciendo por el calentamiento global. A esta segunda montaña se le conoce también como la "Mujer dormida".

La leyenda de "La Llorona" se conoce en casi todos los países hispanoamericanos. Las diversas versiones coinciden en un relato ubicado durante la colonia española. Pero el caso de México es más antiguo y está relacionado con el anuncio de la conquista.

Ficha gramatical

El estilo directo reproduce una frase tal y como se expresó textualmente, suele representarse entre comillas. Por su parte, en el estilo indirecto alguien reproduce el mensaje expresado por otro con algunos cambios, principalmente, en el tiempo verbal y en las referencias temporales y espaciales.

Lectura

La mujer dormida, Iztaccíhuatl, y el guerrero Popocatépetl

Tonatiuh, el dios Sol, vivía con su familia en el decimotercer cielo, en el que no se conocía la oscuridad ni la angustia. El hijo de Tonatiuh era el príncipe Izcozauhqui a quien le encantaban los jardines. Un día, el príncipe oyó hablar de los vergeles del señor Tonacatecuhtli: "Un hermoso jardín donde todo parece más verde y donde habita una bellísima princesa que va vestida de plata". Curioso fue a conocerlos.

Las plantas en verdad parecían más verdes y los prados frescos y cubiertos de rocío. Al descubrir una laguna resplandeciente se acercó, se encontró con la mujer que habitaba en las aguas y que iba ataviada con un vestido de plata. Se enamoraron de inmediato y contaron con la aprobación de los dioses. Pasaban el tiempo juntos, recorrían de un cielo a otro. Pero los dioses les prohibieron: "No vayan más allá de los trece cielos".

Los enamorados conocían el firmamento. Pero la curiosidad por saber qué había debajo del cielo hizo que descendieran a conocer la Tierra, a pesar de que los dioses les habían ordenado que no fueran más allá del límite de los trece cielos.

En la Tierra encontraron que la vida era diferente. El sol no brillaba todo el tiempo, descansaba por las noches. Había más colores, texturas, sonidos y animales que en todos los cielos recorridos. Los príncipes, al descubrir que la Tierra era más hermosa que los paraísos celestiales, decidieron quedarse a vivir en ella para siempre. El lugar escogido para su morada estaba cerca de un lago, al lado de valles y montañas.

Los dioses, furiosos por la desobediencia de la pareja, decidieron un castigo: "La princesa enfermará y morirá". Y así ocurrió. La princesa enfermaría repentinamente y moriría, a pesar de los esfuerzos del príncipe por aliviarla. La princesa sabía que ese era el castigo de los dioses, Tonatiuh se lo había dicho con sus abrasadores rayos. A ella no le permitirían vivir y su muerte los separaría para siempre. Se lo dijo al príncipe y le pidió: "Llévame a una montaña para morir cerca de las nubes y que me puedas ver cuando regreses al cielo". Fueron sus últimas palabras, después se quedó quieta y blanca como la nieve. El príncipe la tomó en brazos y caminó días y noches hasta llegar a la cima de la montaña, recordando siempre el deseo de su amada: que la llevara a una montaña con el fin de estar junto a las nubes, para que pudiera verla más cerca desde el cielo, cuando él regresara con su padre.

Pero el príncipe no regresó al cielo, encendió una antorcha cerca de ella y la cuidó y la veló como si la princesa solamente durmiera. Izcozauhqui se quedó junto a ella sin moverse, hasta morir. Entonces, ella se convirtió en la mujer dormida (Iztaccíhuatl) y el príncipe en el cerro que humea (el volcán Popocatépetl), que se encuentran al pie del valle desde donde los ven y los admiran día a día todos los habitantes de la Ciudad de México.

La Llorona

Cuando era niño y no quería dormir, mi abuela me contaba la versión más conocida de la leyenda de la Llorona: "En tiempos de la Colonia, una noble señora ahogó a sus hijos en el río por avaricia; arrepentida, se tiró al río donde horas antes ahogara a sus pequeños tratando de rescatarlos, pero también le llegó la muerte. Desde entonces, cada noche sale a buscarlos y grita llorando '¡ay, mis hijos!'. Si no te duermes, la Llorona pensará que eres su hijo y te llevará adonde vive". Esta historia de la mujer rica que había ahogado a sus hijos, que se había tirado al río para buscarlos y que gritaba llorando por las noches, me hacía dormir rápidamente al pensar que me llevaría con ella.

Sin embargo, esa leyenda tiene su origen en otra mucho más antigua, según me contó mi abuela cuando crecí. Se remonta al tiempo en que los mexicas dominaban todo el valle de México, cuando los españoles llegaron al continente: "Cuatro sacerdotes esperan a lo lejos. Sus ojos atentos van y vienen del cielo estrellado donde gobierna la gran Luna blanca, hacia el lago de Texcoco que brilla como plata y donde los patos silenciosos bajan a buscar ajolotes para comer".

Después, los cuatro sacerdotes que esperaban con atentos ojos que iban y venían del cielo hacia el lago donde bajaban los patos a comer, comparaban el movimiento de las estrellas para determinar el calendario con sus profundos conocimientos de astronomía.

"De pronto estalla el grito. Es un grito como un alarido lastimoso, hiriente, sobrecogedor. Un sonido agudo como escapado de la garganta de una mujer en agonía".

El grito era como el de la Llorona, '¡ay, mis hijos!', y se iba extendiendo sobre el agua retumbando en los montes hasta llegar al gran teocali dedicado al dios Huitzilopochtli, comenzado a construir por el gran tlatoani (máximo gobernante) Tizoc en 1481 y terminado por Ahuízotl, en 1502. El grito se quedaba flotando en el maravilloso palacio del emperador Moctezuma Xocoyotzin.

"¡Es Cihuacóatl!", exclamaba el más viejo de los cuatro sacerdotes. "La diosa ha salido de las aguas y ha bajado de la montaña para prevenirnos de nuevo", agregaba el otro sabio de las estrellas y la noche. La historia cuenta que subieron al lugar más alto del templo y que pudieron ver hacia el oriente una figura blanca con el pelo suelto, flotando como una tela que jugueteaba con el viento fresco de la noche. Era Cihuacóatl, la madre de los dioses y protectora de los partos, que había salido y bajado de las aguas de la montaña.

El eco de sus gritos se perdía a lo lejos, todo quedaba en silencio. En sus palabras se podía entender: "Hijos míos..., amados hijos del Anáhuac, vuestra destrucción está próxima...", y después de una serie de lamentos igualmente dolorosos decía: "Adónde irán..., adónde los podré llevar para escapar a tan funesto destino... ¡Ay, hijos míos!...".

Al oír estas palabras anunciando una destrucción que estaba próxima y el dolor de la madre por no saber adónde irían sus hijos, ni dónde podrían escapar de un destino que más tarde comprobaron los cuatro sacerdotes, estuvieron de acuerdo en que aquella fantasmal aparición que llenaba de terror al pueblo de la gran Tenochtitlán era la misma diosa Cihuacóatl, la diosa protectora de la raza, aquella buena madre que había ayudado a crear a los hombres.

Así se lo comunicaron al emperador Moctezuma, el cual guardó silencio y se quedó pensativo, hundido en su gran trono. Entonces, los cuatro sacerdotes volvieron a doblar los códices y se retiraron también en silencio, para ir a guardar de nuevo en los archivos imperiales aquello que habían dejado escrito los más sabios y los más viejos.

Vocabulario

vergel *m.* 채소밭
rocío *m.* 이슬
resplandeciente *adj.* 빛나는, 찬란한
ataviado *adj.* 장식된, 입혀진
firmamento *m.* 하늘, 창공
textura *f.* 직물
morada *f.* 거주지, 주거지
abrasador *adj.* 타는 듯한, 굽는 듯한
cerro *m.* 언덕, 묵
avaricia *f.* 탐욕, 욕심
ajolote *m.* (멕시코산) 도롱뇽
rescatar *v.* 되찾다, 회수하다
alarido *m.* 비명, 함성
lastimoso *adj.* 가엾은
hiriente *adj.* 상처를 주는, 모욕적인
sobrecogedor *adj.* 급습하는
retumbar *v.* 울려퍼지다
prevenir *v.* 준비하다, 예방하다
códice *m.* 고문서

Preguntas para comentar

1. ¿Dónde encontró el príncipe a la princesa vestida de plata?
2. ¿Qué les ordenaron los dioses?
3. ¿Por qué se quedaron a vivir en la Tierra?
4. ¿Cuál fue el castigo de los dioses por desobedecerlos?
5. ¿Qué le pidió la princesa a su amado antes de morir?
6. ¿Cómo murió el príncipe?
7. ¿En qué se parecen la leyenda colonial y la leyenda prehispánica de la Llorona?
8. ¿A qué se dedicaban los cuatro sacerdotes?
9. ¿Qué emperadores construyeron el gran teocali (templo) dedicado a Huitzilopochtli?
10. ¿Quién era Cihuacóatl, a quiénes protegía?
11. ¿Por qué lloraba Cihuacóatl?

Gramática

▶ 직접화법과 간접화법 (Estilo directo e indirecto)

❶ 평서문에서

Juan dijo: "Estoy contento".
Juan dijo que estaba contento.

María le contestó: "Con mucho gusto lo haré, pero necesito tiempo".
María le contestó que con mucho gusto lo haría, pero que necesitaba tiempo.

Ángela le dijo: "Anoche ya terminé mi trabajo".
Ángela le dijo que ya había terminado su trabajo la noche anterior.

Él dijo: "Si yo fuera tú, no iría".
Él me dijo que si él fuera yo, no iría.

hoy → ese día, aquel día
mañana → el (al) día siguiente
anteayer → dos días antes
la próxima semana → la semana siguiente

❷ 의문문에서

Él dijo: "¿Tienes novio?".
Él me preguntó (que) si yo tenía novio.

Mis padres me preguntaban: "¿Qué quieres ser cuando seas mayor?".
Mis padres me preguntaban qué quería ser cuando fuera mayor.

Me ha preguntado: "¿Cuántos años tienes?".
Me ha preguntado (que) cuántos años tengo.

❸ 명령문에서

Me ha escrito: "Salid a recibirnos al aeropuerto".
Me ha escrito que salgamos a recibirlos al aeropuerto.

Me dijo: "Hazlo ahora mismo".
Me dijo que lo hiciera inmediatamente.

El maestro nos dice: "No salgáis".
El maestro nos dice que no salgamos. / El maestro nos dijo que no saliéramos.
El maestro nos prohíbe salir.

Les dijo: "Por favor, dejadme en paz".
Les rogó que le (la) dejaran en paz.

❹ 감탄문에서

Él dijo: "¡Qué fresco está el aire!"
Él exclamó que qué fresco estaba el aire.

El presidente dijo: "¡Cómo me encantó el concierto!"
El presidente dijo que le había encantado el concierto.

Composición

1. 그는 그 전날 과식했기 때문에 다음 날 소화불량으로 고생했다고 말했다.
2. 나는 어릴 적 까르멘에게 어른이 되면 결혼하자고 말하곤 했다.
3. 검사는 피고에게 물었다. "당신은 살인 사건이 일어난 날 어디에서 무엇을 하고 있었나요?"
4. 돌아가신 아버지는 우리 형제들에게 늘 시간을 아끼며 근면하게 살라고 당부하시곤 했다.
5. 의사는 응급실에 실려온 환자에게 물었다. "어디가 아프세요?"
6. 마리아는 로사에게 말했다. "내가 너라면 절대로 후안 같은 남자와 사귀지 않을 거야."
7. 사장은 그해 말까지 회사의 실적이 개선되지 않으면 30%의 직원을 해고할 수밖에 없다고 공표했다.

Diálogo

Paula: Acabo de cruzarme con un gato negro, espero que no me traiga mala suerte.

Andrés: No sabía que fueras supersticiosa.

Paula: Bueno, no lo soy. Pero mi madre siempre decía: "¡Más vale no tentar a la suerte!".

Andrés: Y hoy la necesitas más que nunca, ¿no?

Paula: ¡Sí! Tengo que aprobar el último examen de la carrera. Por si las moscas, llevo mi trébol de cuatro hojas.

Andrés: Luego dices que no eres supersticiosa... Bueno, tú, tranquila. Seguro que apruebas. Después de todo lo que has estudiado, no tendrás ningún problema.

Paula: Eso espero. Ayer estuve hablando con mis padres y me dijeron que si no aprobaba este examen dejarían de darme mi paga mensual y que debería buscar un trabajo a tiempo parcial para pagar mis gastos.

Andrés: Sí que te presionan... Y yo que te dije que no tendrías ningún problema...

Paula: Están deseosos de que me licencie y que busque un trabajo lo antes posible.

Andrés: Es normal. Tus hermanos y tú están estudiando. Debe ser una carga muy grande para tus padres.

Paula: Es cierto. Cambiando de tema, ¿has visto a Víctor en estos días?

Andrés: Ayer, precisamente, quedé con él para tomar algo. Me dijo que estaba pensando en buscar otro trabajo.

Paula: ¿Por qué? Lleva menos de un año en esa empresa.

Andrés: Sí, pero me comentó que se llevaba muy mal con su jefe y que no aguantaba más. Además, que con el sueldo que recibía no llegaba al final del mes.

Paula: ¡Vaya! Y yo sin saber nada de eso. Justamente ayer le dejé un mensaje en el móvil: "Víctor, ¡a ver si me invitas a cenar ahora que trabajas en una multinacional!", ¡qué metedura de pata!

멕시코 떼오띠우아깐에 있는 태양의 신전

Lección

19

El amor es doble

Verbos del tipo "gustar"

Ficha informativa

El poeta mexicano Octavio Paz (1914-1998), Premio Nobel de Literatura 1990, escribió el ensayo *La llama doble*, tres años después de ganar el Nobel. La llama es un fuego muy suave que tiene juntos dos colores, rojo y azul, y Paz aprovecha para hablar del amor que tiene, como la llama, dos componentes tan distintos pero complementarios.

Ficha gramatical

Existen verbos como *gustar*, *doler*, *faltar*, etc., que pueden usarse alternando el sujeto y el complemento. Se trata de un fenómeno que ocurre con verbos que no necesariamente son pronominales, derivado de la evolución del latín al español. En esas construcciones, los pronombres que se refieren al complemento indirecto son: *me*, *te*, *se*, *nos*, *os*, *le* y *les*. Este mismo caso de alternancia se presenta con ciertos verbos transitivos que cambian el orden del sujeto y del componente que aparece como complemento directo, el cual se representa con los pronombres *lo*, *los*, *la*, *las*. En algunos países, *le* se usa igual que *lo*, para referirse a personas; se recomienda usar ese pronombre solamente en masculino y en singular.

Lectura

Como todas las grandes creaciones del hombre, el amor es doble: es la suprema felicidad y la desdicha suprema. Los amantes pasan sin cesar de la exaltación al desánimo, de la tristeza a la alegría, de la cólera a la ternura. El lenguaje popular, en todos los tiempos y lugares, es rico en expresiones que describen la debilidad del enamorado: el amor es una herida, una llaga que duele, «me muero de amor», el amor nos hace perder la razón, «me vuelve loco». Sí, el amor es una flor de sangre. También es un talismán de la buena suerte. La debilidad de los amantes los defiende. Su escudo es su falta de defensa. El gran peligro que amenaza a los amantes, la trampa mortal en que caen muchos, es el egoísmo, «me molesta tu risa», «me falta tiempo». El egoísmo es un pozo. Para salir al aire libre, hay que mirar más allá de nosotros mismos: allá está el mundo y nos espera.

El amor no me protege de los riesgos ni de las desgracias de la existencia. Ningún amor, sin excluir a los más tranquilos y felices, escapa a los desastres y desventuras del tiempo. El amor, cualquier amor, está hecho de tiempo y nadie puede evitar la gran calamidad: la persona amada está sujeta a los peligros de la edad, la enfermedad y la muerte.

No hay remedio contra el tiempo. O, al menos, no lo conocemos. Pero hay que confiarse a la corriente temporal, hay que vivir. El cuerpo envejece porque es tiempo como todo lo que existe sobre esta tierra. No se me oculta que hemos logrado prolongar la vida y la juventud. Para Balzac la edad crítica de la mujer comenzaba a los treinta años; ahora a los cincuenta. Muchos científicos piensan que en un futuro más o menos próximo será posible evitar los dolores de la vejez. Estas predicciones optimistas contrastan con lo que sabemos y vemos todos los días: pero se nos olvida que la miseria aumenta en más de la mitad del planeta, hay hambrunas e incluso en la antigua Unión Soviética, en los últimos años del régimen comunista, aumentó la tasa de la mortalidad infantil. (Esta es una de las causas que explican la caída del imperio soviético). Pero aun si se cumpliesen las previsiones de los optimistas, seguiríamos siendo esclavos del tiempo.

Somos tiempo y no podemos escapar a su dominio. Podemos transformarlo, pero no negarlo ni destruirlo. Esto es lo que han hecho los grandes artistas, los poetas, los filósofos, los científicos y algunos hombres de acción. El amor también es una respuesta: por ser tiempo y estar hecho de tiempo, el amor es, simultáneamente, conciencia de la muerte e intento por hacer del instante una eternidad. Todos los amores son desdichados porque todos están hechos de tiempo, todos son el nudo frágil de dos criaturas temporales que saben que van a morir, «me falta tiempo...»; en todos los amores, aun en los más trágicos, hay un instante de dicha que no es exagerado llamar sobrehumana: es una victoria contra el tiempo, un ver de lejos el otro lado, ese 'allá' que es un 'aquí', en donde nada cambia y todo lo que es, realmente *es*.

La juventud es el tiempo del amor. Sin embargo, hay jóvenes viejos incapaces de amar, por lo seco de su alma; también hay viejos jóvenes enamorados: unos son ridículos, otros patéticos y otros más sublimes. Pero ¿podemos amar a un cuerpo envejecido o desfigurado por la enfermedad? Le resultaría difícil a cualquiera, aunque no enteramente imposible. Recuérdese que el erotismo es singular y no desprecia ninguna anomalía. ¿No hay monstruos hermosos? Además, es claro que podemos seguir amando a una persona, a pesar de caer en la costumbre y en la rutina cotidiana o de los daños o cambios por la vejez y la enfermedad. En esos casos, la atracción física desaparece y el amor se transforma. En general, se convierte no en piedad sino en com/pasión, en el sentido de compartir y participar en el sufrimiento de otro. Ya viejo, Unamuno decía: no siento nada cuando rozo las piernas de mi mujer pero me duelen las mías si a ella le duelen las suyas. La palabra pasión significa sufrimiento y, por extensión, significa también el sentimiento amoroso. El amor es sufrimiento, padecimiento, porque es carencia y deseo de posesión de aquello que deseamos y no tenemos; a su vez, es dicha porque es posesión, aunque sea instantánea. El Diccionario de Autoridades registra otra palabra que hoy no se usa, pero que la empleaba Petrarca: *comphatía*. Deberíamos reintroducirla en la lengua pues expresa con fuerza este sentimiento de amor transfigurado por la vejez o la enfermedad del ser amado, un amor al que se le olvida todo el daño que puede hacer el tiempo.

Según la tradición, el amor es un compuesto de alma y cuerpo. Da vida y muerte: todo depende de los amantes. Puede transformarse en pasión, aborrecimiento, ternura y obsesión. A cierta edad, el amor se nos puede convertir en *comphatía*. ¿Cómo definir este sentimiento? Se me ocurre que no es un afecto de la cabeza sino del corazón.

El amor es intensidad y por esto es una distensión del tiempo, estira los minutos y los alarga como siglos. Pero después de cada uno de esos instantes sin medida, volvemos al tiempo y a su horario: no podemos escapar de la sucesión y por eso pensamos siempre «nos falta tiempo»... El amor comienza con la mirada: miramos a la persona que queremos y ella nos mira. ¿Qué vemos? Todo y nada. No por mucho tiempo; al cabo de un momento, desviamos nuestros ojos.

De *La llama doble*

Vocabulario

desdicha *f.* 불행
desánimo *m.* 낙담, 낙심
llaga *f.* 종양, 상흔
talismán *m.* 부적
escudo *m.* 방패, 문장
pozo *m.* 샘, 우물
desastre *m.* 재해, 재앙
calamidad *f.* 재난, 참화
confiarse a (~에게) 맡기다, 위임하다
edad crítica 갱년기
hambruna *f.* 식량 부족, 기아
nudo *m.* 매듭
dicha *f.* 행복, 행운
patético *adj.* 감상적인
sublime *adj.* 숭고한, 장엄한
piedad *f.* 동정, 자비
padecimiento *m.* 괴로움, 고통
distensión *f.* 이완, 긴장이 풀림

옥따비오 빠스의 에세이집『이중불꽃』의 표지

Preguntas para comentar

1. ¿Cuáles son las dos caras del amor, según Octavio Paz?
2. En este texto, ¿cuál es el primer enemigo del amor que se menciona?
3. ¿Hacia qué concepto lleva la lectura, como segundo enemigo del amor?
4. ¿Qué relación establece el texto entre el amor y el tiempo?
5. ¿Cómo se puede entender la frase de Unamuno?
6. ¿Qué palabra usaba Petrarca que serviría en esta reflexión?
7. Según la tradición, ¿cuáles son los componentes del amor?

Gramática

▶Gustar 유형의 동사 (Verbos del tipo "gustar")

❶ 간접 목적어인 경우

Le gusta escuchar música clásica.

Le gusta pescar, pero le repugna tocar la lombriz cuando pone el cebo.

Le ha tocado la lotería.

Me quitó el dinero el ladrón en el metro.

Sufre de migraña y le duele la cabeza con mucha frecuencia.

Estaba acatarrado y no me salía la voz.

Nos quedan 100 euros todavía.

Te falta tiempo para acabar el informe.

Le ocurrió algo terrible, tuvo un grave accidente de tráfico.

¿Te parece bien que venga mañana por la tarde?

Le resulta difícil jugar al fútbol por estar lesionado.

Desde que me caí, me da miedo montar a caballo.

A ella no le apetecía salir a la calle tan tarde.

Estas zapatillas no me ajustan.

※ importar, placer, pesar, faltar, quedar, interesar, encantar, extrañar, etc.

❷ 직접 목적어인 경우

La preocupa el rumor.
La molesta el ruido. (= Le molesta el ruido.)
Lo asustó la llegada de su madre. (= Le asustó la llegada de su madre.)
Lo aburre el espectáculo. (= Le aburre el espectáculo.)
Los sorprendieron los ataques inesperados de los enemigos.
Las inquietaba la salud de su madre.
No los convencieron las explicaciones de los proponentes.
La distraía el ruido del piso de arriba.
Me alegra recibirte en esta, tu casa.
Me vuelve loca.

※ abrumar, agobiar, agradar, angustiar, animar, atraer, divertir, entristecer, entusiasmar, fastidiar, obligar, ofender, perturbar, satisfacer, etc.

Composición

1. 병원에서 알려준 충격적인 검사 결과는 그녀를 일주일 내내 우울하게 했다.
2. 이틀 내에 그가 서울에 도착한다는 소식은 그녀를 매우 들뜨게 했다.
3. 옆집에서 들리는 피아노 소리는 침대에 누운 후안을 매우 괴롭혔다.
4. 자신도 모르게 그녀의 입에선 노랫소리가 흘러나왔다.
5. 그들을 조금도 의심하지 않았던 나는 그들의 계략에 걸려들었다.
6. 그 영화를 보는 동안 관객들은 엄청난 감동을 받았고 그들의 눈에선 눈물이 흘러나왔다.
7. 구름으로 뒤덮인 하늘은 시민들의 마음을 짓누르고 있다.

Diálogo

Fernando: ¿Qué te pasa? Pareces de mal humor, ¿no te ha gustado la película?

Victoria: ¡Qué va! Si me ha encantado, ya sabes que me interesa muchísimo este tipo de películas.

Fernando: ¿Entonces? ¿Por qué estás enfadada?

Victoria: Pues, porque no he podido disfrutar de la película como hubiera querido. Me molesta que la gente deje los móviles encendidos dentro del cine.

Fernando: Ah, ahora entiendo. Lo dices por el chico que estaba sentado a tu lado. Le ha sonado el teléfono unas cuantas veces.

Victoria: Un par de veces no me importa, pero estuvo enviando mensajes durante toda la película.

Fernando: Entonces no me extraña que estés malhumorada. Bueno, olvídalo. Te invito a cenar.

Victoria: Gracias. ¿Vamos al italiano de la esquina? Me apetece comer pasta.

Fernando: Me parece bien, me agrada mucho ese restaurante.

Victoria: Pero tendremos que comer rápido. Recuerda que a las diez quedamos con Ana y Pepe para ir a tomar unas copas al bar.

Fernando: ¡Lo había olvidado por completo! Bueno, aún nos queda una hora y media.

Victoria: Ya sabes que ese restaurante siempre está lleno, espero que no nos falte tiempo para llegar a la hora.

Lección

20 El calentamiento global

Pronombres indefinidos

Ficha informativa

Los problemas ambientales han dado origen a una frase que circula ya por todo el mundo: el calentamiento global. Este nombre comprende una serie de fenómenos más o menos complejos que están afectando al planeta Tierra. La información especializada se va haciendo cada vez más accesible para todo el público, de manera que todos hemos aprendido tecnicismos que nuestros abuelos tal vez nunca escucharon en sus tiempos.

Ficha gramatical

Los pronombres indefinidos reemplazan a los sustantivos que tienen artículos indefinidos. No describen ninguna característica del sustantivo, sino que solo expresan nociones de cantidad, identidad (género), u otra noción de manera imprecisa o indeterminada.

Lectura

En un principio cualquiera creía en una 'naturaleza benigna', es decir, que la naturaleza era un sistema robusto que respondía bien a los desórdenes causados por el hombre, volviendo siempre de nuevo a su estado natural. Pero desde hace tiempo, algunos han advertido una 'naturaleza perversa / tolerante', lo que significa básicamente que la naturaleza puede tolerar desórdenes hasta cierto punto. Si los desórdenes son pequeños, volverá a su equilibrio. Grandes desórdenes suponen una amenaza al funcionamiento de la naturaleza.

El clima definitivamente está cambiando, nadie lo duda. El aumento de la concentración de dióxido de carbono atmosférico (CO_2) durante los últimos dos siglos de industrialización presenta actualmente sus consecuencias; las temperaturas y el nivel de los océanos indican un aumento, los casquetes polares se derriten y los ecosistemas dan indicios de adaptaciones a las nuevas condiciones.

El calentamiento global se define como el fenómeno en el cual se percibe un aumento de la temperatura media del planeta. En los últimos años, se ha dado una particularidad en la que se registra un aumento de un grado centígrado de la temperatura media mundial desde 1850 hasta la actualidad, algo que ha ido creciendo al paso de los últimos años.

La controversia nace de cara hacia el futuro, en cómo responderá el clima frente a estos cambios, si la magnitud de los sucesos aumentará afectando poblaciones, sociedades, sistemas de producción, economías y ecosistemas, o si el complejo sistema climático suavizará los cambios y reducirá algunas de las consecuencias. Teorías y explicaciones se abren hacia todos los caminos, pero más allá de cualquier explicación está el factor más determinante que es la realidad presente.

Hasta el momento, no se ha tomado ninguna medida concreta para detener el calentamiento global. El Protocolo de Kioto, que ha servido de modelo entre los tratados internacionales para intentar frenar los efectos del calentamiento global, no ha conseguido nada y ni siquiera está apoyado por las grandes potencias emisoras de gases de efecto invernadero, como EE.UU., China, India, Australia,

Rusia, entre otras.

Dondequiera se proponen medidas para lograr un mejor desempeño en los procesos de obtención y utilización de la energía, o para utilizar fuentes de energía alternativas no contaminantes, impulsadas por campañas de educación e información. Pero la realidad es que es algo utópico y no existe un remedio inmediato al problema, por lo que las consecuencias son inevitables.

No hay mejor frase que refleje nuestra situación actual frente al futuro, en relación con el cambio climático, que la pronunciada por Winston Churchill en la década de 1930, cuando hubo una gran tormenta que azotó Europa y Churchill advirtió a los británicos que debían prepararse para algo igual debido a que el clima iba a cambiar, y cuando nadie le creyó dijo: "La época de dilatarse, de medidas parciales, de recursos calmantes e inesperados, de retrasos, está terminando. En su lugar estamos entrando en un periodo de consecuencias".

Actualmente, el problema cobra mayor fuerza por dondequiera, en la opinión pública, en los medios de comunicación, en la política y en la comunidad científica que se ha puesto a revisar la teoría del calentamiento global y sus consecuencias sobre el cambio climático.

La duda se presenta entre opiniones, visiones y explicaciones de los fenómenos actuales que se concentran entre dos polos extremos y muy dispares: algunos que creen en un cambio climático que traerá cuando quiera consecuencias dramáticas para millones de personas, y otros que pronostican un cambio climático benigno e incluso benéfico para la civilización del próximo siglo.

Algunos cambios a escala global del siglo XX indican un leve aumento en la temperatura media de la Tierra, provocado por las emisiones masivas de gases de efecto invernadero en la atmósfera durante el periodo industrial de la humanidad. Por dondequiera se habla del aumento en el nivel de los océanos, de los desastres que ocurren por los temporales de lluvia extremos, del derretimiento de las capas polares y de las repercusiones en los ciclos y comportamientos de la fase biológica de la Tierra.

Pero el problema es que, hoy en día, cualquiera puede dar su opinión e interpreta la información contaminada no pocas veces por intereses políticos, económicos e influencias mediáticas. Diariamente nos llegan informes basados en datos, estadísticas, fotografías y gráficos que intentan descubrir cuál es la verdad de la situación. Y ya es algo común encontrar opiniones e información tan contradictorias como los posibles escenarios que se proyectan sobre el futuro del clima en los próximos siglos y sobre sus consecuencias en la economía, los ecosistemas, las sociedades, la política y, en definitiva, la vida cotidiana de todos los habitantes del planeta.

Vocabulario

benigno *adj.* 인자한, 온화한
robusto *adj.* 강한, 씩씩한
derretir *v.* 녹이다, 용해시키다
invernadero *m.* 온실
desempeño *m.* 수행, 이행
impulsado *adj.* 추진된
dilatarse *v.* 연기되다, 팽창되다
medida *f.* 조치, 대책
recurso *m.* 수단, 방법
calmante *adj.* 진정시키는, 고요한
escala *f.* 규모, 사다리
atmósfera *f.* 대기

Preguntas para comentar

1. ¿Qué significa 'naturaleza benigna'?
2. ¿Cuál es la razón del cambio a una 'naturaleza perversa/tolerante'?
3. ¿Cuáles son algunas de las consecuencias del aumento en la concentración de CO_2?
4. ¿Cómo se define el calentamiento global?
5. ¿Qué es el Protocolo de Kioto?
6. ¿Cuál fue la famosa advertencia que hizo Winston Churchill a los británicos?
7. ¿Qué problemas trae como consecuencia el 'efecto invernadero'?
8. ¿Cómo piensas que podríamos ayudar para disminuir el calentamiento global?

Gramática

▶부정어(否定語) (Indefinidos)

❶ algo (사물, 어떤 것) ↔ nada

¿Hay algo para comer en casa? No, no hay nada. La nevera está vacía.
¿Quiere usted algo? No, no quiero nada.

- **부사로도 쓰임**

  ¿No te parece algo extraño que se haya marchado de repente?
  No es nada extraño teniendo en cuenta los rumores que corren.

- **algo de + 명사**

  Aún no ha recibido el sueldo, pero tiene algo de dinero en la cuenta.
  Sé hablar coreano, inglés, francés y algo de japonés.

- **algo que + inf.: 해야 할 어떤 것**

  Ahora paso por tu casa, tengo algo que contarte.
  Encontré algo que te encantará.

❷ alguien (사람, 누군가) ↔ nadie

¿Suele haber alguien en tu casa a estas horas? No, no creo que haya nadie.

❸ alguno (as) (사람 또는 사물, 그룹 중의 누구 또는 어떤 것) ↔ ninguno

Algunos contestaron que sí, otros dijeron que no. Ninguno se quedó sin responder.
¿Ha venido alguien a verme a la hora del almuerzo?
¿Ha venido alguno de mis alumnos a traer el informe?
¿Has leído algunos de estos libros? No, ninguno.
A algunos de nosotros no nos gustó la película.

- **형용사로 쓰임 (algún (a) + 명사: 어떤, algunos / as + 명사: 약간의)**

  ¿Hay algún sitio libre aquí? No, no hay ninguno.
  ¿Hay algunos juegos en el parque? Sí, hay algunos.
  Este chiste no tiene ninguna gracia.

❹ cualquiera / quienquiera / dondequiera / cuando quiera

- **대명사: 누구일지라도**

  Cualquiera con sentido común puede entender eso.
  Quienquiera que sea, no tiene derecho a humillarnos.

- **cualquier + 단수명사 / 단수명사 + cualquiera (형용사, 사람 또는 사물)**

  Cualquier persona puede asistir a las jornadas de jóvenes investigadores.
  Cualquier libro que trate de astrología le interesa a Jaime.
  Cuéntame un chiste cualquiera.

- **dondequiera: 어디든지**

  Dondequiera que va es respetado.
  Actualmente, en Corea hay panaderías dondequiera.

- **cuando quiera: 언제든지**

  Puedes irte cuando quieras.
  Estamos listos, nos vamos cuando quieran.

Composición

1. 그때 나는 너무 절망한 나머지 어떤 기회라도 받아들일 태세였다.
2. 우리 집에는 한 조각의 빵과 약간의 포도주밖에는 먹을 것이 없다.
3. 만일을 대비해서 어떤 보험이라도 가입하는 것이 좋다.
4. 너는 라틴아메리카 국가들 중에서 몇 나라나 가 봤니?
5. 너와 함께 있는 곳이라면 어디라도 천국이야.
6. 우리 학과의 어떤 남자들도 내 마음에 들지 않아.
7. 누구라도 어느 정도 컴퓨터만 사용할 줄 안다면 우리 일을 도울 수 있다.

페루의 도시 우아까치나를 둘러싼 모래언덕

Diálogo

Vanesa: María, ya no queda nada de jugo. ¿Dónde pongo la botella de plástico?

María: Pues dondequiera, en la papelera si gustas.

Vanesa: ¿Con los papeles?

María: Sí, sí. Cuando se llene, lo tiraré todo junto.

Vanesa: María, no me digas que a estas alturas aún no clasificas la basura cuando la tiras.

María: Es algo que nunca hago. De hecho, no conozco a nadie que lo haga.

Vanesa: Menuda excusa tienes para no reciclar. Millones de personas que piensan como tú agravan la contaminación atmosférica.

María: ¡Ahora resulta que yo soy la culpable de los problemas del medio ambiente!

Vanesa: No te lo tomes a broma. Es un tema muy grave y alguien tiene que ponerle remedio.

María: Por el hecho de que yo recicle, el medio ambiente no va a mejorar.

Vanesa: Cualquier acción, por pequeña que sea, contribuirá a mejorar este planeta.

María: Bueno, no sabía que estuvieras a favor del movimiento ecológico.

Vanesa: No defiendo ningún movimiento, solo pienso que es responsabilidad de todos actuar correctamente para preservar nuestro entorno.